International Etiquette

國際禮儀

張亦騏 著

全華圖書股份有限公司

國家圖書館出版品預行編目（CIP）資料

國際禮儀 = International etiquette/張亦騏著. -- 二版. --
新北市 : 全華圖書股份有限公司, 2024.05
　　面；　公分
　ISBN 978-626-328-944-4(平裝)

1.CST: 國際禮儀

530　　　　　　　　　　　　　　113005832

國際禮儀

作　　　者 / 張亦騏

發 行 人 / 陳本源

執行編輯 / 何婷瑜

封面設計 / 吳紀瑾、簡邑儒

插　　　畫 / 吳紀瑾

出 版 者 / 全華圖書股份有限公司

郵政帳號 / 0100836-1號

圖書編號 / 0828001

二版一刷 / 2024年5月

定　　　價 / 新臺幣470元

I S B N / 978-626-328-944-4(平裝)

I S B N / 978-626-328-940-6(PDF)

全華圖書 / www.chwa.com.tw

全華網路書店 Open Tech / www.opentech.com.tw

若您對本書有任何問題，歡迎來信指導book@chwa.com.tw

臺北總公司（北區營業處）
地址：23671新北市土城區忠義路21號
電話：(02) 2262-5666
傳真：(02) 6637-3695、6637-3696

南區營業處
地址：80769高雄市三民區應安街12號
電話：(07) 381-1377
傳真：(07) 862-5562

中區營業處
地址：40256臺中市南區樹義一巷26號
電話：(04) 2261-8485
傳真：(04) 3600-9806（高中職）
　　　(04) 3601-8600（大專）

本教材獲東海大學補助

作者序

懵懂的少年時代，因為嚮往著外面的異想世界，努力之下有幸考取中華航空國際線空服員，那一段翱翔天際的旅程，讓我有機會率真地感受世界的遼闊，以及體驗不同文化間的差異。之後，在英國攻讀碩、博士學位期間，那些異國留學的生活，也讓我廣泛累積了珍貴的國際視野，從而意識到了當代全球化空前絕後的浪潮下，世界瞬息萬變，唯有「禮儀」是能跨越多元文化各種藩籬的重要生活本質。

當前晉身大學生之列的「Z世代」莘莘學子（1995～2005），根據學者研究分析指出，這個世代擁有著「務實力」、「科技力」以及「包容力」等等個人的特質，在在顯示出Z世代與前世代眾多不同之處。喜歡追求自我實踐、勇敢逐夢的Z世代，也正在逐步影響著全球社會的佈局與文化的發展。

在進入高等教育界，並身為一位餐旅管理學系的大學教師之際，我充分地體認到，「國際禮儀」不僅能顯現出生活的質感，更是新時代餐旅管理產業人才培育過程中，具體的創新實踐途徑之一。隨著全球餐旅管理產業以服務導向為經營主軸的趨勢發展，如何在同質性的服務業的競爭中，進一步提高服務的專業度，以及加強差異化的自我提升，「國際禮儀」毋寧是Z世代餐旅管理專業人才養成的全新方針。

因此，本書的撰寫，是透由生活與情境出發，將中西傳統禮俗文化與現代生活進行結合，不僅讓學習者能了解國際禮儀基本知識，同時兼能配合當代生活的進程，將禮儀的文化概念作有效的學習與延伸，並在潛移默化的薰染下，都能成為具有禮儀風度的人，為自己的社交人際網絡開啟無限可能，也能將國際禮儀與文化創意作有效的揉合，並深化活化我國文化的美學價值，促進整體文化創意和創新，進而導向餐旅業的蓬勃發展。

最後，感謝全華圖書在本書出版過程中，給予本人相當程度的自由發揮及編排呈現；並特別感謝張大鏞先生和小美編藍尹采小姐對於本書得以順利出版的諸多協助。

作者 張亦騏

目錄

CHAPTER 1

緒論

隨著全球化的時代來臨，各國國界也因爲國際觀光的便捷開始逐漸淡化，
這也讓來自多元文化的人們有進一步相互瞭解的機會，而當不同文化的意
識形態匯聚的時候，共通的禮儀就顯得格外重要。儘管如此，單靠國際禮
儀（圖1-1）的學習也許不一定能使我們達到目標，但它將成爲額外的優勢，
使我們和競爭對手之間產生差異。

那麼，究竟什麼是禮儀呢？所謂的正式禮儀或相關行爲的準則早在數百年，
甚至是更久以前就開始出現了，且多爲當代禮儀行爲的典範。從廣義的視
角來看，禮儀可泛指是人們在社會中的的言行規範與待人接物的準則；從
狹義的視角來解釋，禮儀則指的是國家、政府機構或人民團體在正式活動
和環境中採取的行爲或語言等規範，爲了合乎社交場合層級和道德規範而
產生的禮節要求。

圖 1-1 國際禮儀

中華文化的禮儀文明

中華文化（圖 1-2）是人類文明的源起之一，大至國家制度，小至家庭生活，無不在「禮」的範疇之中，而台灣更是深受中華文化的陶冶，文化教育傳統淵源流長。

在傳統中華文化中，「禮」的原始意義為「敬神」，其後受引申為表示敬意的通稱，既可專門指稱為了表示敬意而隆重舉行的儀式，也可泛指社交往來間的禮貌和禮節；「儀」則表示法度、標準以及儀容等等。而將禮與儀的連用則可追溯自《詩經》。

郭沫若曾言：「大概禮之起源於祀神，故其字後來從示，其後擴展而對人，更其後擴展而為吉、凶、軍、賓、嘉的各種禮制。」，由此可見，禮儀的演進不外乎是由信仰祭祀開始延展到了人們的日常生活，由習俗慢慢累積轉變為慣例。

圖 1-2 中華文化的禮儀文明

西方文化的禮儀文明

在將視角轉換至西方國家，「禮儀」一詞最早見於法語的 Etiquette，原本的意義為「法庭上的通行證」。但當它進入英文系統以後，意義變得更為廣泛，成為了「人際關係的通行證」（圖1-3）。

圖 1-3 西方文化的禮儀文明

在西方的文明發展歷程中，即非常能夠容易體察到人類對於禮儀的追求及其演進的歷史過程，像是為了避免戰爭，逐漸形成了與戰爭有關的動態禮儀，例如：為了表示手中並沒有暗藏武器，便打開手掌讓對方觸摸掌心，而這項習慣逐演變成當今的「握手禮」；另外，為了表示尊重與友好，在對方面前卸下鎧甲而衍生為「脫帽禮」。而翻閱古希臘的文獻典籍，著名哲學家蘇格拉底（Socrates）（圖1-4）、柏拉圖（Plátn）（圖1-5）以及亞里斯多德（Aristotéls）（圖1-6）等的著述，都有非常多關於禮儀的論述。

圖 1-4 蘇格拉底　　　　　圖 1-5 柏拉圖　　　　　圖 1-6 亞里斯多德

中世紀更是西方禮儀文明發展的鼎盛時期。當封建主義在十二、十三世紀達到其最高峰時，騎士精神即是「禮貌的騎士行為」的理想——強調騎士對其上帝、領主和女士的忠誠和敬意。而這起源於法國和西班牙的騎士精神很快就傳遍整個歐洲大陸和英格蘭領地，這同時也是基督教徒和軍事理想的融合，並以虔誠、忠誠、勇敢和榮譽為根本美德。

文藝復興後的禮儀發展產生了新的軌跡——由從上流階級社會對於禮節的繁文縟節到二十世紀中期普世對於美學的讚賞，再到近代逐漸順應社會平權的簡單禮儀規則。而當代西方社會對於禮儀的解釋有以下幾種：

Etiquette	正式的禮貌規範
Courtesy	客氣、優雅的禮儀表現
Manners	生活規範或社交禮儀
Politeness	有禮貌的言行舉止
Formality	較為正式的儀式規範

十七世紀的餐桌禮儀

在這個世紀裡,「禮儀」(etiquette,法文 l'estiquette)這個詞開始廣泛出現。這個源自法文的字詞,也以迅雷不及掩耳的速度在我們的日常生活中留存下來。查看所有的字典,你會發現這個詞的定義即為「由社會、習俗或權責單位決定的一種生活中的禮儀與實踐」。

而使用「禮儀」這個詞,最早出現在十七世紀,當時貴族公佈了名為 l'estiquette 的禮儀規則和準則清單,為那些將進入禮儀場所(如宮殿)的人提供了適當的行為指導依歸,特別是以用餐為主。此表的概念囊括了一些基本原則到特殊情況的內容,藉此讓人們不會做出任何在皇室眼裏可能看起來很愚蠢的行為。而後,法國國王路易十四在他統治的七十二年間,將這種做法發展到了巔峰。

當然,當時代的社會與現代社會截然不同——畢竟當時是一個只要國王或王后說出「拿下他們的頭」便可以主宰生殺大權的時代;也因此,任何想要表現出對於權力奉承的人都會特別遵守這些規則。有些規則也許已不符今日所需,但也相當程度地呈現當時代的文化內涵:

‖ 只能用拇指、食指和中指進食。

‖ 如不使用刀進食,請將其收回護套中,沒有必要成為你周圍人們的威脅。

‖ 把肘部放在桌子上,以在通常擁擠的桌子上為他人提供更多空間;並且,兩個人應共用一個盤子、桌子上的每個人則都共用同一個飲用器皿。

‖ 坐在桌子旁時不要用刀子剔牙。

十九世紀的餐桌禮儀

在十九世紀後期，由於禮儀相關書籍開始印運而生，也逐步歸納出正確且具體的飲食行為，例如：

▌ 不要將餐巾放在下巴下面或將其攤開在胸上，或是直接放在膝蓋上。

▌ 不要從湯匙的末端吃東西，應從側面吃。

▌ 吃湯時不可發出咕嚕咕嚕或吸食的聲音；並且，切忌再次要求湯品服務。

▌ 不要用湯匙享用蔬菜，應用叉子。整體而言，不要用湯匙享用湯品以外的任何東西，甚至是冰塊也要用叉子吃。

▌ 等待上菜時，請勿將刀叉直接放在盤子上。

時至今日，在全球化的追趕之下，傳統禮儀文化不但沒有隨著市場經濟的發展和高度科技化而被摒棄，反而更加多元並行。透過前述的禮儀發展史可以清楚地發現到，禮儀是社會秩序的重要組成，並且受到社會廣泛的重視。並且，禮儀是為了維繫以及發展人際關係而衍生的產物、並會隨著關係的變化與社會發展而演進。除此之外，禮儀更是人與人之間的情感互動過程（圖 1-7），是開啟社交網絡的重要手段與途徑。

由此可見，「禮儀」是長期以來習慣與慣例的累積，也是社會演變的結果，更可被視為是個人修養的衍生；因此，身處新時代的每一個人，都應該適時掌握國際禮儀的內涵，往成為一位具有風度的有禮之人為目標，進一步為自己的社交人際網絡開啟無限的可能性。

圖 1-7 人與人相處

當代的禮儀基礎

禮儀專家 Letitia Baldrige 認為,「每個人剛進入職場時都會有所顧慮。即便是經驗完備的高級管理人員也會在投入陌生的新領域時,感到不確定性」。因此,如何能讓社交行為成為職涯旅程中的助力,這就和所謂的禮儀原則有密不可分的關聯。整體來說,當代的禮儀基礎應留意下列幾點原則:

‖ 見微知著   ‖ 察言觀色
‖ 文明思考   ‖ 掌握世代間的溝通差異
‖ 恪守本分   ‖ 尊重倫理道德觀念
‖ 不應過度在意表現是否完美

因為工業革命所創造出的富裕和自由時間,也讓崛起的中產階級將注意力轉向社會化與生活細節,而不再只是為了餬口生存。有抱負的中產階級也開始想要效仿過去的上層階級自出生以來所接受過的正確禮儀教育。為了滿足這種需求,坊間開始出現各色各樣的禮儀寶典,為當時的社會風氣增添了禮儀學習的風氣。

禮儀大師艾蜜莉(Emily Post, 1872-1960)則可說是形塑了當代的國際禮儀樣貌。由於她的研究與論述逐漸消除勢利和生硬的準則規範,並開啓了中產階級學習禮儀的大門,將禮儀以優雅的方式導入日常生活;因此,她對於現代禮儀的發展可說是功不可沒。她的第一本禮儀著作「禮儀的社會用法藍皮書(Etiquette: The Blue Book of Social Usage, 1922),至今仍在國際禮儀研究領域中佔有相當重要的地位。

在考慮了現代人的生活習慣及時勢所趨以後，本書將在緒論後再分為八章，由與日常生活息息相關的食、衣、住、行、育、樂等面向切入，並擴及職涯生活裡不可或缺的工作禮儀，以及身為一位地球村公民所應該瞭解的出國禮儀以及各國文化禮俗內涵。以下為每章節之安排：

第一章　緒論
淺談中西禮儀的概念發展歷程

第二章　食的禮儀
1. 了解基本宴會型態
2. 認識中西基本餐桌擺設及席次安排
3. 熟悉中西餐基本菜色與用餐禮儀
4. 明白日式料理的基本用餐禮儀

第三章　衣的禮儀
1. 了解正確的服裝穿著原則
2. 認識不同的場合間應有的正確穿衣禮儀
3. 明白適合自己的穿衣哲學
4. 熟悉透過穿搭技巧提升個人魅力的能力

第四章　住的禮儀
1. 了解適當的敦親睦鄰原則
2. 認識作客時的正確態度與行為
3. 熟悉住宿飯店時的基本禮儀
4. 明白住宿飯店時的相關規範

第五章　　行的禮儀
1. 了解在行走時正確的尊卑、賓主之分別
2. 認識在乘車時應該具備的禮儀與知識
3. 明白禮讓在不同場合的分別
4. 熟悉搭乘飛機時正確的禮儀常識

第六章　　育的禮儀
1. 了解正確的社交禮儀
2. 認識說話的藝術
3. 明白正確的商務諮詢禮儀
4. 熟悉正確的書信及郵件寫作知識

第七章　　樂的禮儀
1. 了解不同社交場合之間的禮儀差異
2. 認識在娛樂性質場合中的正確禮儀
3. 明白基本的生活禮儀態度
4. 熟悉將禮儀應用在不同場合的思維能力

第八章　　工作禮儀
1. 了解在接受工作面試時所應該具備的態度與衣著禮儀
2. 認識什麼樣的態度與行為會影響你在辦公時中的人際關係
3. 明白在辦公室應該具備的正確禮儀
4. 熟悉在離職時應該具備的正確態度與交接程序

第九章　國際禮儀

1. 了解準備行李的原則與要點
2. 認識出入境的基本注意事項
3. 明白各國文化之差異
4. 具有國際視野的包容與尊重心

本書透過精美的插畫穿插與學習重點標記，並在每章節後輔以課後評量，有效地為學習者提升學習效果，成為新時代下的有禮之人。

CHAPTER **2**

食
的
禮
儀

在餐桌上的行為舉止，不僅能反映出成長背景和教養，也會顯示出個人的修養；因此，用餐也可以被視為是個人氣質的延伸。所以，在不同的用餐場合之中，首先應了解此次用餐的目的是什麼，並且隨時留意個人舉止是否合乎禮儀規範，不只能夠更加熟悉社交場合的運作，也能為自己的形象加分。

學習目標

1. 了解基本宴會型態
2. 認識中西基本餐桌擺設及席次安排
3. 熟悉中西餐基本菜色與用餐禮儀
4. 明白日式料理的基本用餐禮儀

第一節 宴會禮儀

基本上，多人共同參與的飯局，都可視為宴會。而宴會通常會由專門的主題構成，例如：喜宴、慈善餐會等。因此，宴會也可視為是一項專案管理，因為會涉及到非常廣泛且專業的內容，像是與會名單、點菜、座位安排、預算以及活動流程等等。此外，依照舉行時間的不同，又可分為不同型態。

一、宴會的型態

宴會基本上可分為早餐會、午餐會與晚餐會等型態，可依性質及談論的內容進行安排。

1. 早餐會（Breakfast Meetings）（圖 2-1）：早餐會形式自由，並且氣氛格外輕鬆，有利激發創意思維。由於時間長度通常介於 1 至 1.5 小時，故早餐會也有利於提高效率。
2. 午餐會（LunchMeetings/ Luncheon）（圖 2-2）：是最常見的聚餐類型，用餐時間大約在 2 至 2.5 小時。
3. 晚餐會（Dinner Meetings）（圖 2-3）：由於通常舉辦在下班時間以後，因此會安排比較豐富的交際活動。

圖 2-1 早餐

圖 2-2 午餐

圖 2-3 晚餐

二、籌辦宴會順序

一場成功的宴會，必須先提前做好妥善的計畫（圖 2-4），才能讓宴會順利進行，宴會的籌畫包含舉辦宴會的目的（例如：婚宴、尾牙或是慶功宴等）、擬定邀請的人數與賓客性質（例如：職業）、宴會地點、宴會時間、菜單內容以及相關工作人員的任務安排等等。

圖 2-4 籌畫準備工作

（一）邀約

1. 請帖（圖 2-5）：為最正式的邀約方法，並最晚應於活動開始前一週送達對方。（參考本書第五章第三節寫作禮儀）
2. 電話：電話邀約並不是正式的宴會邀約方式，但優點為訊息傳達快速，可直接向對方確認是否可以出席。
3. 便籤（圖 2-6）：適用在非正式的宴會，且與對方較為熟識才可使用便籤邀約。

圖 2-5 請帖   圖 2-6 便籤

（二）接待

賓客到達宴會場所後，可稍作寒暄
等待入宴。由於西方禮儀通常賓客
會準備禮物給主人，此時如收到禮
物，也可先行收起（圖 2-7）。

圖 2-7 接待動作

（三）入宴

入宴前應先行安排座次，座次的安排則依社交地位高低排出優先順序，再
依據以下規則安排座次（圖 2-8）：

1. 男女主人對坐。女主人面對門、男主人背對門。
2. 越接近男女主人的座位越大，右大左小。
3. 男女間隔，夫妻分開，但未婚之情侶例外。
4. 妻可以以夫貴，夫不可以以妻貴。

圖 2-8 座次

（四）餘興

可依宴會情況適時安排餘興節目（圖 2-9）。通常會以舞會方式進行，安排在正餐後、上甜點時，由男主人或女主人開舞。

圖 2-9 餘興節目

（五）送客

賓主盡歡後，中式禮儀通常是習慣由客人說「感謝招待」，西方則習慣由主人說「謝謝光臨、希望滿意今天的菜色」（圖 2-10）。

圖 2-10 送客

**重　點
摘　要**

1. 宴會座次以越接近男女主人的座位越大，右大左小。
2. 宴會座次應男女間隔，夫妻分開。

第二節　餐桌禮儀

人際關係的起點，就從餐桌開始！就像是個人舞台一樣，合宜的餐桌禮儀（圖 2-11）能向所有人展現最好的自己，並且讓人留下美好的印象，進一步與旁人維持良好的關係。繁忙的現代社會中，速食和外帶式的餐飲型態崛起，致使人們漸漸對於正式的用餐禮儀較爲生疏。本節將介紹基本的用餐禮儀與注意事項，熟讀本節後，未來在正式場合用餐時，別忘了做個有禮之人。

圖 2-11 餐桌用餐

一、國際基本餐桌禮儀

整體來說，餐桌上應適時與旁人交流，盡可能地與同桌的人保持眼神接觸，以免過程太過單調、無聊。除此之外，身爲主人時，更應隨時留意整體用餐氛圍，讓餐會順利進行。

（一）基本應對

1. 若你（妳）是右撇子，並且通常習慣與右邊的人談話，在此建議平常可以多練習和左邊的人講話，才不至於在用餐時冷落旁人。

2. 在說話或回答問題時，應隨時與餐桌上的人們保持眼神接觸（圖 2-12）。

圖 2-12 餐桌上談話
（眼神要接觸）

3. 與熟識的朋友同處用餐時，不宜與其有太長的對話，應快速打個招呼就好，以免打斷其與別人用餐的氣氛。

4. 除非與用餐的賓客很熟識，否則應避免在談公事時飲用酒精飲料。

5. 賓客不宜點酒，除非主人主動詢問。且主人在點酒前也應詢問客人（圖 2-13）。

圖 2-13 飲酒

6. 若不慎打翻餐點，應保持鎮定並請服務生協助處理（圖 2-14）。

7. 聚餐期間應以愉悅的話題為主，避免談論政治、宗教、暴力、疾病、八卦、抱怨、炫耀自身、批評菜色等話題。

8. 適當地讚美對方，能拉近彼此關係。

圖 2-14 打翻餐點

9. 談話時要兼顧在場每一位賓客，才不會讓人有被冷落的感覺。

10. 尊重不同的宗教用餐方式，如基督教飯前需禱告、佛教需禮佛，避免阻擋個人信仰的呈現。

11. 坐姿端正，手肘不要放在餐桌上或托腮（圖 2-15）。

圖 2-15 坐姿端正

禮 儀 小 補 帖

餐具如果不慎掉到地上，應請服務生幫忙撿起，千萬不可自行撿拾。

（二）用餐時

1. 咀嚼食物時嘴巴要閉起，不宜發出聲音或說話（圖 2-16）。
2. 開胃菜本身份量較精緻，不要把開胃菜切成一塊一塊的。
3. 使用餐具時不要做任何手勢或指著人或物。
4. 避免用餐具敲擊碗盤。
5. 吐殘渣時應用餐巾遮住，並使用餐具接著，再放在盤子上
6. 品嚐食物之前不要調味。
7. 固體食物可以分享，但液體食物應避免分食。分享食物時不要傳遞自己的餐盤，可使用奶油碟或是請服務生另給一個小碟子裝盛餐點。
8. 食用西餐時，有用過的餐具不應再放回餐桌。
9. 傳遞餐點時，應由左至右傳遞。
10. 如果有人需要鹽時，胡椒也需順便傳遞給對方。
11. 傳遞物品、食物時應請旁人協助，不可直接站起。
12. 不宜在餐桌上補妝或剃牙。

圖 2-16 嘴巴閉起用餐

禮 儀 小 補 帖

在西方國家的餐廳禮儀中，享用麵包應用手撕開入口，不可直接咬或用叉子叉取麵包。此外，麵包刀只可拿來塗抹奶油及果醬，不可切取其他食物。

（三）與服務人員的溝通

1. 當對於餐點有問題時，應以柔軟的態度向服務人員提出，切勿用責怪的口氣喧嘩，而失了個人風度與禮數。
2. 服務人員上菜、收桌、整理桌面時，應適時向他們表達感謝與尊重。
3. 呼叫服務人員時，慢慢舉起手示意即可，避免用彈手指、吹口哨等無理的方式呼叫他們（圖 2-17）。

圖 2-17 呼叫服務人員

重　點
摘　要

1. 用餐時，在嘴巴有食物的狀況下應避免說話。
2. 用餐時應以愉悅的話題為主，避免談論到有爭議的話題。

二、主人的禮儀

身為主人時，在事前的規劃上應確認聚會目的，並在充分了解賓客的情況下，安排彼此適當的座位及盡量滿足賓客可能的需求。

（一）事前規劃

1. 確認目的：必須清楚知道整場宴會的目的，例如洽商、慶祝等，避免模糊焦點。
2. 邀請賓客：應在宴會日的前兩週開始邀請客人，以便賓客能確認他們的行程表，排開事情來參與。
3. 確認地點：聚餐前應事先到現場參觀以了解環境，才能給予賓客最好且最符合其需求的宴會。
4. 安排位置：事前須安排賓客的位置，不要將不熟的賓客排在一起，以避免尷尬的氣氛。
5. 事先安排付款資訊：可以事先告知餐廳付款方式，例如分開結帳或是先行付款。
6. 取消預定：如果需要取消預訂，應盡早聯絡餐廳，並打給每位賓客告知，避免讓賓客撲空。

（二）餐前與用餐

1. 提早到：在聚餐開始前 10 ～ 15 分到
   達，並於等待區等待賓客，讓賓客
   能容易找到您，並將手機開機，避
   免漏接賓客電話。

2. 推薦菜單：對於餐廳環境的熟悉與
   菜單的推薦可以作爲非常好的開場
   白，推薦菜色也需注意價位，避免
   推薦最便宜與最貴的，會讓賓客有
   所顧慮。

圖 2-18 讓賓客先點菜

3. 讓客人先點菜：一個好的主人必須要讓賓客先點菜，若共同點了前菜，
   需分食時，可向服務生拿取盤子（圖 2-18）。

4. 點酒：作爲主人可以先點選酒水，此時賓客就能較放鬆的點選酒水。點
   酒時，需點完主餐再點酒，以便選取最適合搭配主餐的酒。若非品酒專
   家，在餐桌上也別過度談論酒類知識。

5. 主人應向每位來賓互相介紹：打破賓客之間的生疏感，才能避免用餐氣
   氛沉悶。

6. 用餐中如欲暫時離席，需將餐巾口布放在椅背或手把上。

禮 儀 小 補 帖

1. 西方餐桌禮儀中，在享用菜餚前會以雞尾酒及香檳當作餐前酒，隨後才選
   擇搭配餐點的酒品。不同的酒品有相對應的餐點類型，應注意紅酒搭配紅
   肉，例如牛排、羊排及鴨肉。白酒搭配白肉，例如豬肉、雞肉、魚肉及海鮮。

2. 在米其林餐廳用餐時，女士的菜單不會顯示價目。

6. 優雅的開始：除非是緊急的聚餐，否則不應一開場就談起正事，可先從日常瑣事談論起，來緩解用餐氣氛，再點完餐後，一場正式的交際應酬餐會才正式開始（圖 2-19）。

7. 注意用餐步調：用餐時要注意周遭人的用餐步調，盡量維持在與旁人步調一致的狀態，避免吃太快或太慢，也別講太多話導致沒有時間吃飯，造成賓客的尷尬。

圖 2-19 優雅地用餐

（三）餐後

1. 可禮貌詢問客人是否需要餐後甜點或是續杯咖啡或茶。

2. 餐後可繼續談論公事，並做個總結。

3. 結束用餐後須將餐巾口布放置在餐桌上，並起身送客人到門口，此舉可清楚表明一個餐會的結束。

重　點
摘　要

1. 主人應於用餐前做好完善的事前規劃，並在用餐時做好賓客之間橋樑，讓用餐氣氛熱絡和諧。

2. 座位安排以一男一女分開坐。

三、客人的禮儀

成為宴會的座上賓時，應準時抵到會場；點餐時，不建議點太便宜或過於
昂貴的餐點，應視聚會方式選擇自己青睞的餐點，並避免浪費。用餐同時，
應該時時注意自己的談吐與儀態，並可在聚會結束後，向主人表達謝意。

（一）準備開始

1. 在前一、兩天與主人確認日期與時間。
2. 準時或提早幾分鐘到達。
3. 若會遲到，須主動聯繫主人，以便主人評估到達時間。
4. 若比主人提早到時，先耐心等候，避免先到吧台喝酒或飲料。

（二）點餐

1. 不要點最便宜或最貴的餐點。
2. 選擇較好進食的餐點，避免點需要用手的餐點。
3. 主人點酒客人才能點。

（三）談吐

1. 談話時音量適中，跟著主人開啟的話題談下去。
2. 不要大聲喧嘩，喧賓奪主引起旁人負面觀感。
3. 勿批評菜色。

（四）感謝

留下感謝函或打電話給主人，以表謝意（圖2-20）。

圖 2-20 打電話感謝主人

重　點 摘　要	1.用餐時應尊重主人的安排。 2.用餐後應主動向主人表達感謝。

第三節 中餐禮儀

從古至今以來，華人對於飲食非常講究，因此「民以食為天」這句話的出現也不無道理，而隨著全球化的日益頻繁，中餐（圖2-21）也越來越受到各界的青睞。如何將飲食與禮節妥善融合，即是一門重要的藝術。

圖 2-21 中餐

一、基本禮儀

自古以來，中華文化即非常注重長幼有序的觀念，也因此在入座的禮儀上，應該秉持先由「主賓入座、次賓入座、主人最後入座」的原則。此外，應注意餐具的使用方式是否合宜。

（一）入座

1. 由主賓入座，次賓再入座。主人則是最後入座。
2. 「左進右出」，由椅子左邊入座，右邊離席。
3. 若無服務人員在旁，男士需先拉椅子協助女士入座後再入座（圖 2-22）。
4. 背包可放置於人與椅背之間或椅子底下，有些餐廳會準備籃子供背包的
   放置。此外，包包千萬不可以隨意放置在桌上（圖 2-23）。

圖 2-22 男士拉椅子協助女士
入座後再入座

圖 2-23 隨身包包放置地方
/ 包包放在餐廳提供之籃子

（二）餐巾

1. 餐巾（口布）需對折放置於大腿，以防止食物用髒衣服（圖 2-24）。
2. 不可用餐巾擦臉擤鼻涕，亦不可將餐巾像圍兜兜般塞在胸前。
3. 中途離席時，須將餐巾折好放置於椅子或椅背上，不可放置於餐桌上（圖
   2-25）。

圖 2-24 餐巾對折於大腿

圖 2-25 中途離席時將餐巾折好放置於
椅子或椅背上，不放置於餐桌上

（三）坐姿

1. 背脊打直並坐正，不要駝背（圖
   2-26）。
2. 雙腳平放在地，不要翹腳、抖腳，
   雙腳也別張太開，以免影響到鄰座
   的人。

圖 2-26 正確坐姿

（四）筷子

亞洲大多數國家仍是以筷子當作用餐的工具，在日本，會邊端著碗邊用筷
子來用餐；而在韓國，則習慣將碗放置於桌上，並使用筷子及湯匙來用餐。

1. 筷子的拿法

（1）像拿筆一樣，手拿著筷子的上方。並依照個人習慣，將筷子以慣用
    手拿，粗的一端朝外，更尖更細的一端朝手心，握在筷子從頂端算
    起三分之一處，剩下的那一根筷子抵在食指和中指之間，用大拇指
    尖按住，食指的第一截應該平放在筷子上（圖 2-27）。
（2）用無名指抵住更低一點的筷子，另一支筷子先跟前一支筷子指向同
    一個方向，而且筷尖是對齊的。
（3）用中指與食指控制筷子開合。中指的第一截或第二截按著上面的那
    一支筷子。
（4）用中指與食指控制筷子夾東西。用食指的第一截壓筷子的上端，這
    樣就筷尖就可相合。
（5）拇指保持不動，下方的那根筷子在整個過程中是維持不動的。

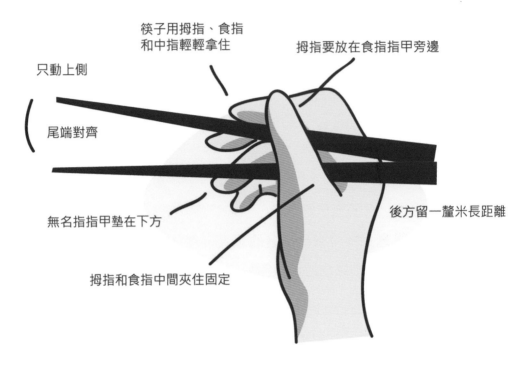

筷子用拇指、食指
和中指輕輕拿住

拇指要放在食指指甲旁邊

只動上側

尾端對齊

無名指指甲墊在下方

拇指和食指中間夾住固定

後方留一釐米長距離

圖 2-27 正確的筷子拿法

禮 儀 小 補 帖

隨著衛生觀念的演進,現在到中式餐廳用餐時通常每個人面前會有兩雙筷子,
靠近自己的淺色筷子為私筷,為自己進食使用;靠外的深色筷子則為公筷。

2. 筷子的禁忌

（1）筷子要放置在筷架上，避免置於盤緣或杯子上。

（2）當暫停進食時，避免將筷子直接插在菜餚上。

（3）避免使用筷子去移動碗盤。

（4）若食物不方便夾取時，可用湯匙輔助，避免以筷子插取食物。

（5）避免互相用筷子傳遞食物。

（6）使用筷子時要掌握快、狠、準的精確度，不應該翻攪食物來挑選自己想吃的料，也不應該將菜餚於夾取後又放下。

（7）使用免洗筷時，避免摩擦筷子。

（8）應避免用筷子指人或方向。

（9）不可用筷子剃牙或咬著。

（10）避免用筷子敲擊餐具。

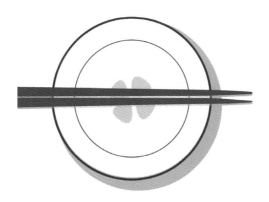

圖 2-28 日本筷子擺放

禮 儀 小 補 帖

在日本料理的餐桌禮儀中，筷子會以橫放方式在盤前，而不是中式的直放（圖 2-28）。

知識小書籤　筷子的歷史

筷子（圖 2-29）的起源距今已有三千多年的歷
史，亦是中華飲食文明的一部分。依據文獻及
考古推測，先秦時期，人們用手把飯送入口
中，但食物經燒烤，熟食燙手，不能直接用手
抓取，所以就藉助竹、木之類的枝條來挾取食
物，久而久之，就形成了我們今天所使用的筷
子，並且在漢朝以後，筷子更是被普遍使用。

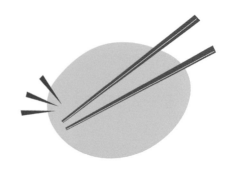

圖 2-29 筷子

（五）碗

1. 遞碗及接碗時應使用雙手的方式傳遞。
2. 先用雙手將碗捧起，確定穩了之後再用單手拿著，以拇指輕按著碗側，
   另四者則並攏置於碗底端撐著，另一隻手則拿著筷子，避免用五指在底
   端捧著的方式拿碗（圖 2-30）。

圖 2-30 正確的碗筷拿法

（六）湯匙

1. 使用湯匙（圖 2-31）時與拿筆的握法類
   似，要注意的是，拇指與食指需置於湯
   匙柄兩側，請勿將食指放於湯匙柄中
   間，使用時小拇指避免翹起。
2. 使用後的湯匙應放在碗中或湯匙碟上，
   避免掛在盤緣。

圖 2-31 湯匙

（七）轉盤

1. 中式餐廳基本上都是以圓桌為主，而圓桌上一般會附上小轉盤（圖
   2-32），轉動時需順時針轉，讓大家皆能依序夾到菜餚。
2. 轉動轉盤前應留意桌面狀況，避免弄翻餐具。
3. 當有人在夾菜時，避免轉動轉盤。
4. 轉動轉盤時速度應保持緩慢，以免菜餚湯汁濺出。

圖 2-32 中式轉盤與餐具擺放

> **禮 儀 小 補 帖**
>
> 到中式餐廳聚餐時，如被安排在有轉桌的位子，應注意由順時針轉動，並於挾取完菜餚後主動轉至下一位客人，方便其取用。此外，不可幫他人挾取菜餚。

（八）取菜

1. 由主客開始取菜。
2. 盡可能使用餐桌上的公筷母匙（圖 2-33）。
3. 遇到喜愛的菜色時避免一次夾太多。
4. 夾菜時避免翻攪菜餚來挑選自己想吃的食物。

圖 2-33 使用公筷母匙

（九）用餐

1. 以「左碗右筷」用餐（左撇子相反）。
2. 飲用湯品時避免發出聲音。

（十）吸菸

目前大部分餐廳都屬於禁菸空間，如有吸菸需求，應至餐廳專門安排的吸菸區（圖 2-34）。

圖 2-34 用餐時禁止吸菸

（十一）敬酒

1. 由主人開始向賓客敬酒（圖 2-35），再由晚輩向長輩主動敬酒。
2. 主人起身敬酒時，賓客也需起身回敬。
3. 晚輩向長輩敬酒時，需用雙手捧杯。
4. 避免勸酒或混酒，並評估自身的酒量，適度回敬。

圖 2-35 乾杯

（十二）服裝與談吐

正式的場合應穿著適當的服裝（圖 2-36），避免穿著休閒服飾（如牛仔褲、運動服、涼鞋、拖鞋等），男士以有袖襯衫為主，女士應避免穿著迷你裙。此外，餐桌上的談話內容不應涉及隱私，更應避免談到宗教與政治等敏感話題。

圖 2-36 正確服裝
（男士有袖襯衫/女士避免迷你裙）

重 點 摘 要	1. 入座時注重長幼有序，主賓入座後，次賓再入座，主人則是最後入座。 2. 用餐時應使用餐桌上的公筷母匙。

二、上菜順序

中餐的菜色包括有冷盤、熱炒、主菜、甜點、點心與水果等等，並會以多元化的烹調方式結合時令的蔬菜來呈現（圖 2-37）。

1. 冷盤：一般爲四樣小冷盤拼成一大盤，常見菜色有涼拌海蜇皮、鵝肉、牛腱片、鮑魚等（圖 2-38）。

2. 熱炒：通常爲四盤熱炒，與冷盤都屬開胃菜的呈現方式。

3. 主菜：以魚、肉、蔬菜、湯爲主，出菜順序爲先上清淡後上濃膩的菜餚，主菜的烹調方式以炸、蒸、煮、煎、烤、炒等各種烹調法搭配而成。

4. 甜點：包括甜湯（例如冰糖蓮子、牛奶花生、銀耳湯等）、蛋糕等。

5. 點心：通常以糕餅、麵包、餃子等方式呈現（圖 2-39）。

6. 水果：以當令季節水果呈現，以柳橙、葡萄、切片瓜類等較常出現。

圖 2-37 菜色滿滿的

圖 2-38 冷盤

圖 2-39 糕點

三、用餐注意事項

不論是中式或西式的用餐禮儀，都應避免在口中有食物時說話，並降低咀嚼聲。另外，用餐時不可長時間低頭使用手機，會讓旁人感到不被尊重。

1. 口中有食物時，應避免邊吃邊說。
2. 咀嚼食物時，將嘴巴緊閉，並避免發出咀嚼聲。
3. 當食用有骨頭的食物時，應將骨頭放在盤上。
4. 準時出席，避免遲到或提早離席。
5. 敬酒時不強迫對方乾杯。
6. 剔牙時須使用牙籤，避免用手剔牙，並應用手遮住。
7. 中途離席時，餐巾應放在椅子上。
8. 用餐時避免低頭使用手機（圖 2-40）。

圖 2-40 用餐時避免一直低頭使用手機

9. 打開包裝紙巾時，避免大力拍打發出聲響。
10. 用餐時不應托腮。
11. 吃饅頭或包子時應邊吃邊撕，不應直接用咬的。
12. 他人尚在咀嚼時，避免敬酒。
13. 餐桌上的總人數，應避免為 13 人。
14. 若有幼童，應多加留意，以免亂跑時碰撞到端菜的服務人員。
15. 用餐時避免將手搭在他人椅背上。

重　點
摘　要

1. 他人尚在咀嚼時，避免敬酒。
2. 餐桌上的總人數，應避免為 13 人。

四、中餐座位禮儀

中餐的座位禮儀非常講究位序的高低。基本上，應注意位序為右高左低、以中座為尊、各桌同向、以遠為上等座次安排原則。

（一）位序講究

1. 右高左低：中餐上菜時通常以順時針方向上菜，故兩人並座用餐時，會以右為尊、觀景為佳、臨牆為好、臨台為上。

2. 中座為尊：三人一同就餐，居中坐者在位次上要高於在其兩側就座之人。

3. 面門為上：倘若用餐時，有人面對正門而坐，有人背對正門而坐，依照禮儀慣例則應以面對正門者為上坐，以背對正門者為下座。

4. 觀景為佳：在一些高檔餐廳用餐時，在其室內外往往有優美的景致或高雅的演出，可供用餐者觀賞，此時應以觀賞角度最佳處為上座。

5. 臨牆為好：在某些中低檔餐廳用餐時，為了防止過往侍者和食客的干擾，通常以靠牆之位為上座，靠過道之位為下座。

6. 臨台為上：宴會廳內若有專用的講台時，應該以靠講台的餐桌為主桌，如果沒有專用講台，有時候以背鄰主要畫幅的那張餐桌為主桌。

7. 各桌同向：如果是宴會場所，各桌子上的主賓位都要與主桌主位保持同一方向。

8. 以遠為上：當桌子縱向排列時，以距離宴會廳正門的遠近為準，距門越遠，位次越高貴。

圖 2-41 中式圓桌排法之一

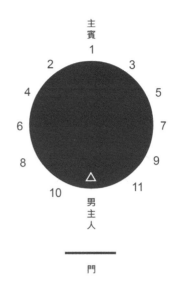

圖 2-42 中式圓桌排法之二

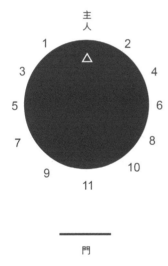

圖 2-43 中式圓桌排法之三

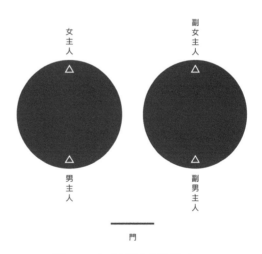

圖 2-44 中式兩圓桌排法之一

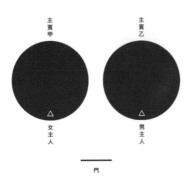

圖 2-45 中式兩圓桌排法之二

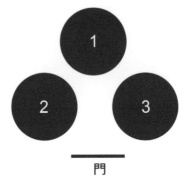

圖 2-46 中式多圓桌排法之一

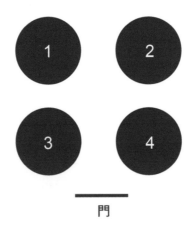

圖 2-47 中式多圓桌排法之二

重　點 摘　要	1. 位序掌握以右為尊原則。 2. 多人用餐時以中座為尊。

第四節 西餐禮儀

隨著全球的經貿發展，泛指歐陸餐飲的西餐（圖 2-48）也已逐漸成為大眾化的飲食選項。由於西餐的餐點呈現方式較為精緻、優雅，因此如能掌握西餐禮儀，也能給人一種斯文有禮的個人氣質與魅力。

圖 2-48 西餐用餐

一、基本禮儀

西餐的座次禮儀與中餐相近，應以「左進右出」出入座位。此外，應掌握餐巾、刀叉以及酒杯等使用方式，以免貽笑大方。

（一）入座

1. 應由服務生帶領入座，避免坐錯位置。
2. 進出座椅的方式與中餐類似，「左進右出」，即由座椅左方入座，右方離席。
3. 入座時，身體與桌緣距離 1 到 2 個拳頭之長度。

禮 儀 小 補 帖

食物靠左邊:

1. 麵包盤會位於叉子的左側或略高於它們。

2. 如果沙拉或水果盤也在餐盤擺放中,它們也將位於你主要盤子的左側。

飲料靠右邊:

1. 水杯會在你的刀和湯匙的右上方。

2. 酒杯或玻璃杯將放在水杯的右側。

3. 咖啡杯也在右邊。

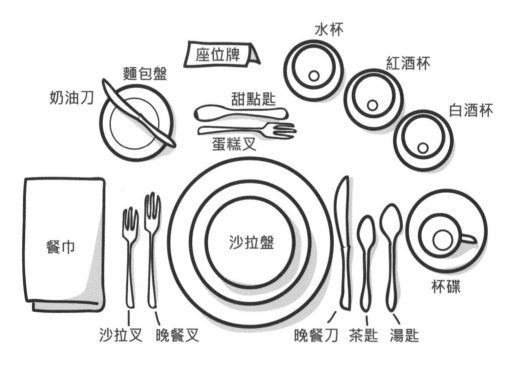

圖 2-49 西餐餐具擺法

（二）餐巾

1. 中、西餐的餐巾皆為平鋪在大腿上，
   以防止油汙滴到衣物。
2. 使用餐巾時，應將有摺線的部分朝
   向自己並平放腿上（圖 2-50）。
3. 中途離席時，須將餐巾放置在椅子
   上或椅背上。

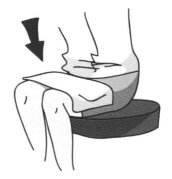

圖 2-50 西餐餐巾平鋪在大腿上

4. 餐巾主要作用為擦拭嘴巴，不可用餐巾來擦臉擦手或擤鼻涕。
5. 餐畢後避免將餐巾依折線折回去，因為這會暗示餐點不美味。
6. 應待同桌社經地位最高者打開餐巾後，其他人再打開。

（三）刀叉與湯匙

1. 刀叉的持法為右手拿刀左手拿叉，
   以拇指與中指握住刀叉柄四分之三
   處，食指按壓在刀柄背上施力（圖
   2-51）。
2. 切完的食物須以叉子入口，不可直
   接用刀尖插著吃。

圖 2-51 刀叉拿法

禮儀小補帖

西餐禮儀的刀叉功能是將食物切成適當的大小入口，避免因直接咀嚼食物時殘渣卡在牙齒上。此外，用叉子叉取食物時，應由叉背入口。

知識小書籤　刀叉擺放小學問

▌刀叉擺放成「八」字型表示暫停
　一下，先不要收走。
▌刀叉擺放為「十」字型表示已經
　準備好享用下一道菜。
▌刀叉與桌緣平行擺放（橫放）表
　示這道菜很喜歡。
▌刀叉與桌緣垂直擺放（直放）表
　示用餐完了請收走。
▌刀叉交疊成「八」字表示不滿意
　這道菜。

不要收走　　　　　等候下一份　　　　　美味

用餐完畢　　　　　差評

圖 2-52 西式刀叉擺放

知識小書籤　當叉子擺上餐桌

這段當叉子開始擺上餐桌的過程，也可以看作是一個跨越大陸和文明交錯的浪漫旅程。西元 1000 年左右，當時正在中東旅行的一位威尼斯貴族，他遇到了一位美麗的土耳其公主並墜入愛河。在閃電求愛之後，他們共結連理並返回威尼斯。在她的嫁妝中，有一盒來自中東地區常見卻讓歐洲人感到新奇的餐具——叉子。

毋庸置疑，當一位外國的公主用叉子而不是刀子和手來用餐的吃法，在當時引起了不小的轟動。然而，教會領袖對於叉子的出現感到震驚，他們認為上帝在造物的同時即賜與與人們手指來進食，因此他們將使用叉子視為是對上帝的侮辱。其後，這位公主因為不明原因生病並過世之際，所有人都認為這是因為使

用叉子而造成的悲劇。因此,叉子便成為人們紛紛避免使用的餐具,漸漸在餐桌上銷聲匿跡。

就這麼過了三百多年,直到下嫁亨利二世的義大利人凱瑟琳(Catherine de' Medici),在她婚後搬到巴黎時,在行李中帶上了叉子,這讓法國的飲食方式產生了重大的改變。到了 17 世紀中期,以手進食的習慣已漸漸消失,叉子也終於名正言順的成為西方餐桌禮儀的一部份。

(四)杯子

1. 西餐餐桌上,一般會放置水杯與酒杯,切記一個杯子僅能裝一種酒,避免影響酒品的風味。
2. 品味一杯酒,從色、香、味開始。先是優雅地舉起酒杯,欣賞酒的色澤,磚紅深紅,各有美態。然後輕輕地搖晃,令酒的香氣散發出來,從嗅覺開始享受,最後才緩緩喝一口,以舌頭品嘗。搖晃酒杯時記得重心低一點,才能搖得均勻,除了紅酒,白酒和香檳亦可以搖杯,品味酒的香氣。

禮 儀 小 補 帖

當服務生為你斟酒時,應將杯子置於桌上,以免用手持杯接酒而不慎打翻。

知識小書籤　酒杯拿法大公開

隨著時下的社交活動頻繁，一般人也能接觸到種類非常多元的酒品。而不同的
酒有不同的酒杯拿法，如能加以掌握，更能讓你在社交場合上提升個人魅力。

紅酒杯、白酒杯、香檳杯、白蘭地杯和威士忌杯（從左至右）

紅酒杯

盛裝紅酒時，普遍來說會倒至三分之一處。
拿紅酒杯時，應用食指和中指夾住杯角（圖
2-53）；飲用時則應拿近杯身，讓手溫逐漸
使紅酒釋放香氣。紅酒的適飲溫度爲攝氏
12℃~18℃，故拿紅酒杯時要特別注意別直
接托住杯肚，以免讓手溫過度影響其風味。

圖 2-53　紅酒杯拿法

白酒杯

白酒杯的握法和紅酒杯一樣,都是拿著杯腳而不用手托著杯肚(圖 2-54)。這是因為不同款的酒都有其最適宜的品酩溫度,而白酒較適合於約 8℃狀態下飲用,盛裝時應至酒杯二分之一處為度。

圖 2-54　白酒杯拿法

香檳杯

細長的香檳杯(圖 2-55)能在飲用時欣賞到綿密美麗的氣泡,其適飲溫度為 5℃～ 12℃。盛裝香檳時,應倒至四分之三處。飲用香檳時,應握住酒杯底部的細長把處,避免碰觸酒杯上端靠近酒的部分。敬酒時用拇指、無名指和小指緊握住杯腳下方,以中指扶著杯腳,在將食指搭在杯腳與酒杯連接處。此時手指應該儘量伸直,可以展現手部的線條。順帶一提,香檳不僅是在慶祝或是聚會時的好選擇,對於各種食材來說也是很好的品項。

圖 2-55　香檳杯

白蘭地杯

由於白蘭地(圖 2-56)適合於 24℃飲用,因此持杯方法應以手掌由下往上包住杯身,如此一來便能將手溫傳導到酒體,進而引出香醇感。

圖 2-56　白蘭地杯

威士忌杯

常見的威士忌杯（圖 2-57）為較矮的口寬
平底柱型杯，方便加入冰塊。由於純飲時
會直接握住杯身，手溫會讓酒香產生微妙
變化，醉心動人。

圖 2-57　威士忌杯

禮 儀 小 補 帖

1. 無論是紅酒、白酒或香檳，在飲用時都不可添加冰塊，以免影響其風味。
2. 飲用威士忌時使用的冰塊通常較大，由於冰塊體積大不易融化，不容易影
   響酒體的口感，也能保持適宜的溫度、提升風味。

（五）湯碗

1. 英美國家舀湯的方式為由內往外，法式則為由外向內。
2. 湯不需要喝到一滴不剩，不方便舀取時就應停止，避免刮到盤子而發出聲響。
3. 喝完湯時，應將湯匙由碗中取出。
4. 飲用湯品時若很燙，應以湯匙稍作攪拌，讓其降溫。

（六）用餐

1. 西餐與中餐不同之處在於，西餐為每人一道，通常會先呈上客人的菜餚，待主人示意後即可開始用餐，以免菜餚冷掉。
2. 食用肉排時應從左邊往右邊開始吃，英國為邊切邊吃，美國則為先全部切完在一起吃。
3. 享用魚料理時，吃完一面後應將骨頭去除，再吃另一面，魚骨應放在餐盤上。
4. 喝湯時避免發出聲音和對著湯吹氣。

（七）敬酒

1. 持杯敬酒時，另一隻手應避免拿著餐具。
2. 飲用葡萄酒時應小口品嚐，不宜大口豪飲或乾杯。
3. 當主人敬酒時，若不喝酒的人也應舉杯回敬，以表達尊重與感謝。
4. 拒絕他人倒酒時，可將手蓋住杯口示意。

禮 儀 小 補 帖

聚餐的過程中如需發言，可用湯匙或叉子輕敲酒杯後再行發言。

（八）服裝與談吐

1. 以整齊、端莊為重點，正式場合男士應以襯衫、西裝褲、皮鞋為主，女士則以洋裝、裙子、套裝、皮鞋為主，皆須避免休閒服、運動鞋、拖鞋等服裝。
2. 用餐時避免提及政治、宗教、疾病及個人隱私等敏感話題，並避免大聲喧嘩。

重　點
摘　要

1. 進出座位掌握「左進右出」原則。
2. 服裝應以整齊、端莊為主。

知識小書籤　餐桌禮儀歷史

所有當今的禮儀行為或準則，或多或少都是根植於歷史上長久以來的實踐，像是晚餐會談、握手、舉杯和使用叉子等等，都是所有人追隨著悠久彌新的傳統之下，以最符合現代需求的方式而留存下來。以下介紹幾項有關重要餐桌禮儀的歷史沿革：

晚餐會談：當吃東西不再僅是為了生存時，飲食也順勢變成一種社交活動。像是埃及人、希臘人和羅馬人等民族為了擺脫對飢餓的恐懼，他們認為在用餐之前、期間或是之後，或多或少地享受一點娛樂是禮貌的，也因此，伴隨著晚餐

時愉快的談話或餘興節目很快地被大眾廣為接受，即愉快的氛圍有助於消化這頓飯，且能更為享受食物的美味。

握手：互相問候時，伸展和搖動右手的行為可追溯到中世紀時期。在當時，男人們所攜帶的刀具既可作為餐具，也可作為武器，這是因為遇到的任何人都可能是一種威脅。正因如此，將張開的手伸出來，可作為一種不具威脅的問候姿勢，並逐漸演變為當代的握手行為。

舉杯：在這個手勢中，表示提出舉杯的人並沒有在酒水中下毒，雙方均可放心飲用。而另有一說是，過去在特殊場合中的飲料上，常放有一塊麵包（類似吐司的小塊麵包），而就讓吐司（toast）和舉杯劃上等號。

二、上菜順序

點菜前，餐廳會進行茶水服務，服務時應由左手拿一塊摺好的口布墊在水壺底下，由賓客右側替其倒水。倒水時，壺嘴要離杯口約六公分，倒入約八分滿即可。上菜時，服務時應由賓客的右側以右手端菜上桌；用餐後，也是從賓客右側進行收拾工作。

（一）前菜（Appetizer）

1. 開胃菜：為西餐的第一道菜，並分為冷盤跟熱盤（常見內容有煙燻鮭魚、鵝肝醬、魚子醬等），主要用途為開胃；因此較具有特色及創意，口味較重且酸，份量精緻（圖2-58）。

圖 2-58 開胃菜

2. 麵包：應直接撕開入口，不可用嘴巴直接咬。塗抹果醬或奶油時，先用奶油刀沾取果醬或奶油再抹至撕好的麵包上，不宜直接沾著吃（圖 2-59）。撕麵包時要在盤子上進行，才不會讓麵包屑掉滿桌，麵包也可搭配湯與菜餚食用。

圖 2-59 麵包抹奶油果醬

3. 沙拉：大多為冷食，通常為蔬菜或水果組成。沙拉常見的調味有油醋醬、和風醬、凱薩醬、千島醬、優格醬等，較豐盛的的沙拉也會加入牛肉、培根、雞肉等肉類增加口感及視覺效果。

4. 湯：一般分為濃湯與清湯兩種類型。西餐中常見的湯品有蘑菇湯、洋蔥湯、蛤蠣湯、羅宋湯以及義式蔬菜湯等。

5. 魚：由於肉質較為細緻好吸收，通常會放在主餐前（例如：海水魚、軟體動物、貝類）。

禮儀小補帖

享用湯品時，湯匙應往外舀起湯汁再入口；湯品享用至底時，可由左手將湯碗稍微立起，再由湯匙舀起入口。此外，也可拿麵包沾取湯品食用。

（二）主菜（Main Course）

1. 肉類：主菜中的肉類通常會有牛、羊、雞、豬等等，其中較具有西餐特
   色的為牛排，以下為牛排的烹調熟度等級（圖 2-60）：

▌ **全生**（Raw）：牛肉完全未經烹煮。

▌ **一分熟**（Rare）：只有表面煎熟，
還有 75% 範圍呈現血紅色。

▌ **三分熟**（Medium-Rare）：牛排外表
全熟，牛排中心 50% 範圍呈現血紅
色。

▌ **五分熟**（Medium）：牛排外表全熟，
牛肉中心 25% 呈現粉紅色。

▌ **七分熟**（Medium-Well）：牛排大部
分為灰褐色，只剩中間呈現一點粉
紅色。

▌ **全熟**（Well-Down）：牛 排 全 部 為
灰褐色，口感較硬。

全熟(Well-Down)：牛排全部為灰褐色，口感較硬。

七分熟(Medium-Well)：牛排大部分為灰褐色，只剩中間呈現一點粉紅色。

五分熟(Medium)：牛排外表全熟，牛肉中心25%呈現粉紅色。

三分熟(Medium-Rare)：牛排外表全熟，牛排中心50%範圍呈現血紅色。

一分熟(Rare)：只有表面煎熟，還有75%範圍呈現血紅色。

全生(Raw)：牛肉完全未經烹煮

圖 2-60 牛排熟度

禮 儀 小 補 帖

測驗牛排熟度小撇步（圖 2-61）

大拇指和其他四指掐在一起後，觸摸大拇指下方的肌肉硬度就能對照出現在牛
排的熟度，當手掌攤平不出力時，此時的肌肉硬度為一分熟的硬度，當大拇指
與食指掐在一起時的硬度為三分熟，大拇指與中指掐在一起時的硬度為五分
熟，大拇指與無名指掐在一起時的硬度為七分熟，而大拇指與小指掐在一起時
的硬度為全熟之硬度。

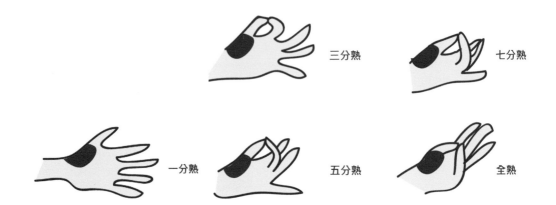

圖 2-61 測試牛排熟度

2. 海鮮：可分爲魚類及貝類兩類，例：鮭魚、鱸魚、龍蝦、螃蟹、花枝等。
   烹調方式大多爲烤、煎、蒸、煮。

3. 蔬菜：在西餐中的蔬菜大多爲生食的沙拉，主餐部分的沙拉份量較前菜沙拉豐富，足以讓食用者有飽足感，並搭配上有營養的蛋豆魚肉，例：肉類、海鮮、雞蛋等。

（三）餐後點心（Dessert）

1. 甜點：常見的甜點爲蛋糕、派、冰淇淋、奶酪、布丁等甜食。
2. 水果：具有清爽解膩的作用。如何優雅的食用水果也是一門學問，本書將介紹經常出現於餐桌上的水果食用方法，請參考本章第六節。
3. 飲料：通常爲咖啡或茶，奶精（牛奶或奶油球）與糖需自行添加。另外咖啡匙的功能爲將糖攪拌均勻，不可用來舀起咖啡喝；攪完後應取出，避免將咖啡匙放在杯內。

禮 儀 小 補 帖

作為添加咖啡、茶的風味的奶精，在不同國家或地區也不盡相同。日本通常會
以奶油球方式提供，歐洲國家則較常給予牛奶。

三、用餐注意事項

在用餐時，應掌握基本的對話及應對禮儀，以免在聚餐時無形之中讓他人
感到不愉快，影響用餐愉快的氣氛。

1. 避免喧嘩，勿喧賓奪主。
2. 在餐桌上不宜抽菸，尤其在食用主餐時，若要抽煙需經過主人同意，且
   避免在公共場所吸煙。
3. 外套應請服務生協助掛在衣架，不宜放在椅背。
4. 口中有食物時，避免邊吃邊說話。
5. 盡量避免在餐桌上打嗝、擤鼻涕、放屁等，如無法控制，需說「不好意
   思、抱歉」以表示歉意。
6. 應西餐為一道一道上，用餐速度應適中，才不至於給旁人用餐壓力，或
   維持餐點順序的一致。
7. 食物殘渣（骨頭、魚刺、水果籽）要從口中吐出時應以餐巾遮住，並用
   餐具輔助放在盤邊。
8. 餐具掉落時可請服務人員換上新的一副。
9. 避免在餐桌上剃牙或補妝，如需做上述動作需至化妝室。
10. 使用餐具時應從擺放在最外側的開時使用，由外至內依序使用。
11. 西餐用餐時間較長，需與身邊的人保持愉快的用餐氣氛。
12. 避免揮舞餐具，或拿著餐具指人。
13. 用餐時手肘不要放在桌上，會干擾到旁邊的人。
14. 坐姿端正，不要托腮。
15. 用餐完畢後，應將餐巾紙髒汙的地方往內折，並放置於餐桌上。

重點
摘要

1. 用餐時避免喧嘩，不可將手肘放在桌上。

2. 用餐速度應保持適中，才不至於給旁人用餐壓力，並維持餐點
   順序的一致。

四、西餐座位禮儀

與中餐座位有所不同的是，西餐的餐桌通常為長桌，男女主賓皆應分開或對角坐，依照西餐禮儀，需掌握以下幾個原則：

（一）以右為尊

1. 掌握以右為尊為原則，並且背對門的位置地位是最低的。
2. 男女主人及賓客夫婦並肩而坐時，女性應居右。男女主人對坐時，女主人右側為首席，男主人右側次之，其次為女主人左側，其餘依此類推。

（二）賓客地位之三 P 原則

1. 座次視地位（Position）而定：受邀男賓的配偶，其地位隨夫而定，倘其地位高於夫，則依其本人的地位。
2. 政治考量（Political Situation）：政治考量有時改變了賓客地位，如在外交場合時，外交部長的座次高於其他部長。
3. 人際關係（Personal Relationship）：賓客間彼此的交情、從屬關係及語言能否溝通均應考慮，並同時考量「尊右原則」和「三 P 原則」。「分坐原則」中的男女分坐與華洋分坐依然相同，只有夫婦分坐改成夫婦比肩而坐。西式席次遠近以男女主人為中心，愈近主人愈尊，女賓忌排末座，男主人通常背門而坐。賓主人數若男女相等，以六、十、十四人最為理想，可使男女賓間隔而坐，且方便男女主人對坐。

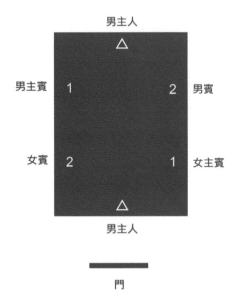

圖 2-62 西式長桌排法之一

圖 2-63 西式長桌排法之二

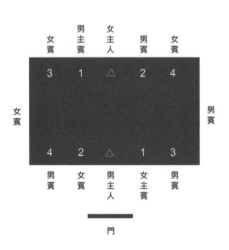

圖 2-64 西式長桌排法之三

圖 2-65 西式圓桌排法之一

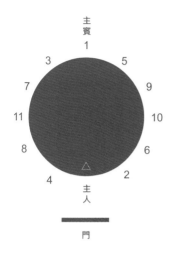

圖 2-66 西式圓桌排法之二

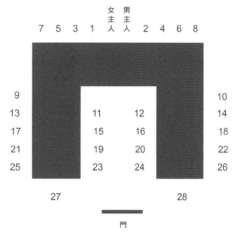

圖 2-67 西式馬蹄形桌排法之一

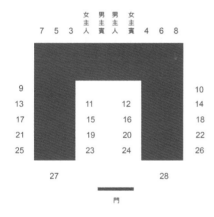

圖 2-68 西式馬蹄形桌排法之二

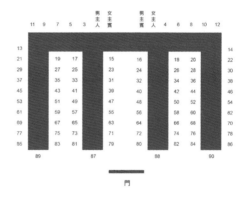

圖 2-69 西式馬蹄形桌排法之三

重　點
摘　要

1. 西餐座次以右為尊。
2. 西餐座次應考量分坐原則。

第五節 日式料理禮儀

日式料理（圖 2-70）又稱
「和食」，可謂全球主流
飲食文化之一。日式料理
受到中華飲食文化深遠影
響，不僅主食的部分相近，
包括餐具、調味料都有著
中餐的精髓。而日本是個
非常注重禮儀的國家，飲
食也不例外，因此在享用
日本料理時的禮儀都有一
套相應的日式禮節，熟悉
禮節後也更能夠進一步感
受「和食」的文化內涵。

圖 2-70 日式料理

正統的日本料理可分為「本膳料理」、「懷石料理」、「會席料理」三大類：

木膳料理

起源於十五世紀的室町時代，為早期貴族與武士用來招待貴賓非常講究實
用的禮儀。每道菜餚與舉動都有其固定的儀式，較常出現在婚喪喜慶、成
年儀式、祭典等正式場合。本膳料理的禮節過於繁瑣與嚴謹，隨著時代的
變遷，本膳料理在今日已不常見，通常為五菜兩湯到七菜三湯。

懷石料理

即為茶料理,在現今許多日本料理店可以看到懷石料理,為早期在茶道漧之前供應給賓客的菜餚。

知識小書籤　懷石料理

「懷石」的由來為,早期禪僧為了遵守過午不食的戒律,強忍飢餓,將溫熱的石頭用布包裹著,抱在懷中以抑制飢餓感而由此命名而成。時至今日,懷石料理演變成高級日本料理的代名詞。

會席料理

由「本膳料理」與「懷石料理」簡化而成的,發源於十七世紀的江戶時代,在聚會時搭配吟詩為主題。此類料理的禮節較不受拘束,輕鬆且自由,又稱「宴會料理」,也可視為本膳料理的簡化版。

禮儀小補帖

濕巾服務是日本餐桌文化中獨特的待客服務之一,絕大部分的餐廳會隨著季節變化,在夏天提供冰涼濕巾,而在冬天時則會提供溫熱的濕巾。值得注意的是,濕巾的作用為提供賓客擦手,不宜用來擦臉或嘴巴。

一、基本禮儀

日式餐桌禮儀較講究優雅與謙卑的行為與談吐；因此，應特別掌握站立與
跪坐時的行禮及鞠躬方式。此外，筷子的使用也非常重要，如何優雅地享
用日式料理即為本節的重點。

（一）行禮方式

1. 站立行禮時，身體挺直，並慢慢向前彎曲至 15 度，雙手由大腿兩側移
   至前側，行禮完慢慢起身。
2. 跪坐行禮時，身體挺直，雙手放在大腿上，上半身略向前傾以表達禮敬
   之意，起身時需緩慢，不可太過倉促。
3. 30 度的鞠躬用於一般打招呼時。
4. 45 度的鞠躬用於一般初次見到對方時。
5. 90 度的鞠躬為最尊敬的方式，用於表達特別感謝或特別道歉。

（二）坐姿

1. 現今日本中需跪坐的場合日益減少，較常見的場合為花道、茶道、劍道
   等從事日本傳統文化活動與婚喪儀式時才會出現。
2. 跪坐時，雙腿需並攏，臀部放在小腿與腳踝之間，男士雙手放在大腿上，
   女士則雙手交疊放在大腿上，身體需挺直。
3. 腿麻時，可以將身體重心稍微往前傾，或將重心輪流放在左右腳上。

（三）筷子

正確的使用筷子也是日本餐桌上非常重要的一部份，因日本飲食文化爲中國飲食文化的分支，是以中國文化爲基礎發展出的，使用方式大致與中餐筷子的使用方式與注意事項如下：

 1. 拿筷子具頂端 1/3 處。
 2. 避免拿著筷子去指人或東西。
 3. 不互相以筷子傳遞食物。
 4. 吃到一半時，不可將筷子插在菜餚中。
 5. 移動器皿時須用手移，不可用筷子移動。
 6. 用餐完畢時筷子需放置在筷架上，避免橫放在碗盤上。
 7. 避免含著筷子。
 8. 不可用筷子直接插取食物。
 9. 夾菜時避免猶豫不決。
10. 不可用筷子的反面夾公用菜盤的菜。

知識小書籤　中日筷子之比較

日本

日本筷子爲三國中最短的，且尖端多爲尖狀。因日本料理中，魚占了很大的部分，爲方便剔除魚刺而設計成尖狀，材質通常爲木質，日本筷子因較短爲三國中最好操作的。

大中華圈

大中華圈的筷子相較日、韓兩國長，因中餐多爲圓桌，餐點距離較遠，爲方便夾菜因此設計較爲長。一般材質爲木頭或塑膠，而中菜普遍較油膩，因此使用木筷能防止食物滑走。

韓國

韓國筷子爲方便夾豆子與食用泡菜，因此設計爲扁平狀。在使用筷子時需要出較大的力氣，因爲皆以金屬材質爲主。對於外國人來說，韓國的筷子爲三國之中最難使用的。

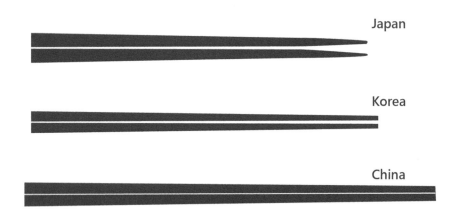

圖 2-71 中日韓筷子之差異

（四）碗

1. 日本的湯碗大多有碗蓋，使用時以左手扶著碗身，右手將蓋子拿起。
2. 若遇到熱脹冷縮，蓋子打不開時，可用左手握著碗身，大拇指與中指用力往碗中央施力，讓冷熱空氣交流，即可輕易打開。
3. 用餐完畢需將蓋子蓋回。

（五）用餐

須依續前菜、生魚片、主菜、湯品的順序食用，不可馬上就夾主菜。

（六）喝湯

第一口先喝湯，再使用筷子夾料吃，不可直接湯加料一口喝下。

（七）日本料理的食用方式

1. 土瓶蒸：茶壺上的小茶杯當作碗來使用，食用時先將湯倒至杯中，再夾壺內的料吃（圖 2-72）。
2. 鰻魚飯：食用方向為由左下往右吃（圖 2-73）。

圖 2-72 土瓶蒸

圖 2-73 鰻魚飯

3. 生魚片：將山葵（哇沙米）放在生魚片上，再將魚肉沾取醬油享用，而不是將山葵直接混進醬油裡（圖 2-74）。
4. 拉麵：食用前先將湯跟麵充分拌勻，食用時，一口湯配一口麵。而發出的吃麵聲越大聲，表示很美味，也是對廚師的讚美（圖 2-75）。

圖 2-74 生魚片

圖 2-75 拉麵

5. 壽司：用拇指與中指拿取壽司，
   先吃生食，再吃熟食；口味的選
   擇宜由淡至濃。握壽司沾醬油時
   應用生魚片側身沾，避免直接沾
   在壽司飯上。吃壽司時一口吃一
   個，才是最符合日式用餐禮儀的
   方法（圖 2-76）。

圖 2-76 壽司

6. 天婦羅：將白蘿蔔泥放在醬汁中，
   沾約三分之一的醬汁即可，才能
   保有酥脆的口感（圖 2-77）。

圖 2-77 天婦羅

7. 烤魚：先去骨，從魚的肩部開始
   吃，吃的時候不可將魚翻面（圖
   2-78）。

圖 2-78 烤魚

8. 串燒：用筷子取下後再吃，不宜
   直接拿著整串吃（圖 2-79）。

9. 和　子：日式點心的總稱，例如：
   蒸　子、饅頭、羊羹、燒　子、飴、
   大福。和　子通常是用一種「懷
   紙」來盛裝。在部分的日本茶席
   當中，會附有專門的點心刀（
   子切り）供賓客切取進食，享用
   完後應將點心渣用點心刀掃進嘴
   裡。同時，為了不讓點心渣掉落
   在地上，要以左手拿懷紙盛接（圖
   2-80）。

圖 2-79 串燒

圖 2-80 和　子

知識小書籤　和菓子的前世今生

和菓子文化可追溯到日本元祿時代（1688 ～ 1704 年），並以京都為主要發源中心。到了江戶時代，舉凡婚喪喜慶、探病或有值得慶祝的活動等等，都會準備和菓子來相互贈與。和菓子的材料基本上是用砂糖、紅豆以及寒天等植物性材料所製成。

而在當代，和菓子在日本文化中被譽為「五感的藝術」。不論是用手觸碰，或是以專用點心刀切割時的觸感，甚至是入口時的口感與香氣等等，都是點心師精心雕琢的傑作。除此之外，和菓子和季節也有著非常密切的關係，可以從形狀及口味中，反映出日本的絕美景致與節氣的優雅姿態。

（八）敬酒

1. 敬酒第一杯酒由主人為賓客斟上。
2. 長輩幫忙斟酒時，需雙手捧杯。
3. 不喝酒的人在第一次敬酒時，仍需將嘴唇沾到杯緣示意，但第二次敬酒時即可向主人表明。

（九）服裝與談吐

1. 基本上與中西餐相同，避免穿著和日式建築與塌塌米格格不入的服裝。
2. 日本人用餐時不習慣彼此交談。

| 重　點 摘　要 | 1. 日式筷子須橫放在筷架上。
2. 湯品享用完畢時，需將蓋子蓋回。 |

二、上菜順序

日本料理中的種類有許多種，其中每種類型都有不同的菜色內容，以下根據常見的上菜順序來介紹：

1. 前菜：即開胃菜，又可稱先付，爲一些醃漬或涼拌的小菜，通常量不多，有時也會以酢物當前菜。
2. 刺身：即生魚片，會搭配生蘿蔔絲與紫蘇葉食用。
3. 酢物：用醋醃漬或涼拌的小菜，具有清爽去除油膩的作用。
4. 吸物：吸物多爲清湯，讓客人在食用正式料理前保持口氣清爽。
5. 揚物：即爲油炸食物，天婦羅就是日本飲食文化中最具代表性的揚物，應從自己前方的食物開始吃起。
6. 蒸物：以清蒸方式烹調的菜餚，常見的食材有魚、海鮮、蛋。
7. 鍋物：即火鍋，依照各地區風土民情的不同，會使用不同的調味料與食材熬出不同的湯底，如涮涮鍋、壽喜鍋等。
8. 燒物：即是燒烤，大多以海鮮爲主，又分爲「直火燒」與「間火燒」兩種方式。直火燒依調味的不同有鹽燒、照燒和蒲燒等，而間火燒依烹調器皿的不同，又可分爲串燒、壺燒和殼燒等。
9. 煮物：爲燉煮或紅燒方式的餐點，食用時湯汁容易滴下，應於下方墊上餐盤或棉紙。又可分爲白煮、青煮、櫻煮、照煮和豔煮等。
10. 米飯：米爲日本飲食文化中主要的主食之一，最爲常見的即是白飯搭配數道菜餚享用。需要注意的是，用餐時，應一口飯配一口菜，不宜將菜盛裝在飯上，應保持白飯的乾淨，此外，米飯也常以茶泡飯、飯糰、丼飯、蛋包飯等方式呈現。

11. 汁物：即湯，大多以清湯為主。味噌湯可說是最為常見的菜餚，也是日本非常具有代表性的菜餚之一。

12. 果物：即水果，處理過的水果可用叉子直接入口，有清爽解膩的作用。

三、用餐注意事項

日本非常重視約定，因此在日本的**餐廳有預約用餐**時，應準時出席，如需取消也應盡早通知店家。

1. 不要用手接食物，應使用盤子接。

2. 先捧起碗，再舉起筷子，要換碗吃時，也須先將筷子放下，捧好碗後再拿起筷子。

3. 若入到室內，需面朝門脫下鞋子，再將鞋背對門口整齊擺放，應避免鞋子阻擋到他人行走。

4. 盡量在飯前或飯後去洗手間。

5. 開始用餐前，會雙手合十說著「我開動了」（I ta da ki ma su）。

6. 用餐期間抽煙是為大多數餐廳不允許的事。

7. 用餐完畢後應把筷子套回紙袋中。

8. 用餐完畢後，也會雙手合十說著「我吃飽了，謝謝款待」（go chi so sa ma de shi ta）。

| 重　點 | 1. 應熟悉日式禮儀中的行禮原則。 |
| 摘　要 | 2. 湯品享用完畢時，需將蓋子蓋回。 |

四、座位禮儀

離門口最遠的位置為「上座」，離門口最近的人通常為負責結帳的人，其餘座位沒有特別的禮儀約束。而鐵板燒的座位規範如下：

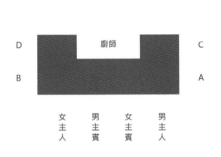

圖 2-81 日式鐵板燒座位排法

圖 2-82 日式鐵板燒 T 字形座位排法

圖 2-83 日式鐵板燒ㄇ字形座位排法
（單主位）

圖 2-84 日式鐵板燒ㄇ字形座位排法
（雙主位）

重　點 摘　要	1. 離門口最遠的位置為「上座」。
	2. 離門口最近的人通常負責結帳。

第六節 進食困難之食物合宜享用方式

西餐禮儀講究優雅，除了依照基本的餐具使用原則，本節整理出幾種需以特別方式入口的食物，搭配相應的合宜享用方式，保持一貫講究、有禮的用餐禮儀。

一、前菜

1. 麵包：邊撕邊吃。塗抹果醬時，應使用奶油刀抹取適量果醬於刀上，避免直接使用麵包沾取，另外也可以將麵包搭配湯品享用。

2. 薯條：通常可用手拿著吃，不過使用叉子會更符合西餐禮儀（圖 2-85）。

3. 酥皮濃湯：先由酥皮中間挖個洞，然後以湯匙由外朝內舀取湯汁，如有貝殼類的海鮮可於最後再吃，如此可將殼直接置於裡面。當湯享用至一半時，再將其餘酥皮浸至湯裡，如此一來也能享用到脆口的酥皮（圖 2-86）。

圖 2-85 用手拿薯條吃

圖 2-86 酥皮濃湯

4. 蝸牛：用蝸牛鉗固定住，再用叉子將肉取
　　出食用（圖 2-87）。

5. 培根：烹調後為脆與乾的培根可用手拿起
　　食用，濕潤的培根則需使用刀叉。

6. 水煮蛋：如有提供蛋架，應放置於蛋架上。
　　將蛋的尖端用刀子割破，挖出一個開口後
　　使用小湯匙挖著吃。

圖 2-87 法式蝸牛

二、主餐

1. 肉串：用叉子將其取下，並使用刀叉食用。

2. 龍蝦：有些龍蝦會事先就將肉切開處理好，再放回殼中；若遇到沒處理
　　過的，只需用叉子按著龍蝦頭部，再使用刀於肉跟殼之間從頭到尾劃一
　　刀，切開後即可開始食用（圖 2-88）。

3. 披薩：應使用刀叉來食用。

4. 義大利麵：使用叉子捲繞適量麵條，再進行享用（圖 2-89）。

圖 2-88 龍蝦

圖 2-89 叉子捲義大利麵

禮儀小補帖

義大利麵上面放的是黑松露，左叉子和右手湯匙

起司

三、蔬菜、沙拉

1. 西洋芹：常被用來當裝飾，但其實是可食用的，可用手拿著吃。
2. 玉米：可直接使用雙手拿取食用。
3. 沙拉：以餐叉進食。如菜葉較大，可使用刀子在沙拉盤中切割，再用叉子享用。

四、甜點

1. 冰淇淋：由內部的地方開始挖取。
2. 蛋糕：三角狀的蛋糕或派，須於尖端處開始享用。

五、水果

1. 小番茄：食用時較難控制，可使用叉子插取享用。
2. 蘋果與梨子：較正式的食用方法是切成四塊，逐塊去皮。取出果核，然後用刀叉取食。這種方法對吃梨子非常實用，因為梨子富含汁液，食用時非常容易弄髒衣服。但現在無論是吃蘋果還是吃梨，大多數人都直接用手拿小塊進食了。如果喜歡果皮，也可以連皮一起吃。
3. 柳橙與葡萄柚：先用刀除去外皮，接著用刀和叉將橙瓣從內皮上剝下，然後再用叉取食。另一種更為大眾化的吃法是先用刀去皮，接著分成若干塊，然後用手拿著吃，再用手把皮剝掉，一片一片地剝開吃，如果一片太大一口吃不了，可以分兩口吃。葡萄柚一般是切開一半供應，可以用勺子取出肉來吃。把葡萄柚的核吐進勺子裡，再倒到備用盤上。
4. 香蕉：食用完整的香蕉時，可以先把皮剝到一半或整隻剝開放在盤子上，然後用手掰成小塊，放進嘴裡吃；或用刀、叉切開。切勿拿著剝開又連著皮的香蕉直接食用。

5. 葡萄：如是提供整串葡萄，應取下一小串放在甜食盤上，並且一顆一顆食用，切勿從放水果的大盤上直接以單顆食用。吃葡萄時應把整顆果實放進嘴裡，用手握成拳頭狀移到嘴邊，把葡萄皮及葡萄籽吐在手中，再放在備用盤上。如果葡萄在沙拉裡，就應該用叉子吃，葡萄籽則照前述方法處理。

重　點
摘　要

1. 享用沙拉時，以餐叉進食。如菜葉較大，可使用刀子在沙拉盤中切割，再用叉子享用。

2. 食用完整的香蕉時，可以先把皮剝到一半或整隻剝開放在盤子上，然後用手掰成小塊，放進嘴裡吃；或用刀、叉切開。切勿拿著剝開又連著皮的香蕉直接食用。

參考資料

筷子

http://zh.wikihow.com/%E6%8B%BF%E7%AD%B7%E5%AD%90
http://www.fgu.edu.tw/~student/sub_pages/3/www.chopstick.htm
西餐烹調實習 I （龍騰）　　周敦懿編著 ISBN：9789862172704

牛排

http://bonnie7lifestyle.pixnet.net/blog/post/175238072-%5B%E9%A3%B2%E9%A3%9
F%E7%9F%A5%E8%AD%98%5D%E7%89%9B%E6%8E%92%E7%86%9F%E5%BA
%A6

日本筷子

http://www.irasutoya.com/2014/10/blog-post_886.html
http://matome.naver.jp/odai/2138709172256425501

日式用餐

http://www.appledaily.com.tw/appledaily/article/supplement/20110908/33652718/

CHAPTER **3**

衣
的
禮
儀

由於我們永遠不會有第二次給人留下良好第一印象的機會，因此無論在哪種情境中（例如：業務推廣、客戶會議以及接待或面試等），我們都必須準備好積極的態度來呈現自己，以便讓對方留下鮮明且深刻的印象。正確的衣著有助於傳遞出個人的氣質與態度，並讓他人留下良好的印象，有利於日後的社交網絡運作。本章將透過時間、場合以及地點等層面來解析服裝穿搭的重點，不僅能掌握正確的禮儀，也可以進一步透過相關的搭配技巧來修飾身型，展現出個人的魅力。

無論你接不接受，我們都會被他人以當下的模樣來評判；換句話說，在我們說話或伸出手的同時，對方的想法通常已經定型。所以，在衣的禮儀中，最重要的原則便是如何透過著裝，讓自己的客戶、同事或是客人感受到被尊重和自在。更進一步來說，我們的衣櫥往往會對日後的職業生涯產生長遠的影響，因此也有人認為衣櫥能夠反映出我們渴望的工作位階。但需注意的是，不管我們選擇怎樣的穿著，都應該要保持乾淨整潔，並視實際情況與文化進行調整。

學習目標
1. 了解正確的服裝穿著原則
2. 了解不同的場合間應有的正確穿衣禮儀
3. 學習適合自己的穿衣哲學
4. 具備透過穿搭技巧提升個人魅力的能力

基本上來說，穿著重點應掌握 T.O.P. 原則（圖 3-1），T.O.P. 分別代表時間（Time）、場合（Occasion）、地點（Place），即穿著需以當時的時間、場合與地點相適應。

圖 3-1 T.O.P. 穿著原則

時間原則（Time）

不同時段的衣著有著不同的規則，如白天工作時需穿著正式套裝，或符合公司規範之服裝，以表現出專業的態度，而晚上出席晚宴時則需穿著適當的禮服與搭配合適的配件，更能顯現出個人的獨特魅力與美好的形象。除了白天與夜晚兩時段的穿衣原則外，一年四季，也有其合適的穿著：

1. 春：春天給人明亮、鮮豔、輕快的印象（圖 3-2），常運用於春季的服
   裝顏色爲淺水藍、黃、淺綠色，材質多選用棉、麻、雪紡等布料（圖
   3-3）。

圖 3-2 明亮、鮮豔、輕快的服裝穿著   圖 3-3 棉、麻、雪紡布料

2. 夏：夏天讓人聯想到的就是海、天空、陽光等明亮、活力、清新的感覺
   （圖 3-4），此時適宜穿著各種淺色系，如白、淺藍、淺紫、淺粉等馬
   卡龍色系，能給人一種清爽、舒服的印象，另外服裝材質也以透氣、舒
   適的布料爲主，配合顏色與材質在炎炎夏日呈現出輕盈的風格是再適合
   不過的。

圖 3-4 明亮、活力、清新的服裝穿著

3. 秋：秋天是最華麗的季節，也給人成熟、穩重的印象，因此適合搭配大
地色系服裝（圖 3-5），如墨綠色、棕色、橘色等自然色系，另可佩戴
金色飾品增添華麗感。

圖 3-5 大地色系的服裝穿著

4. 冬：冬天呈現著冷豔、強烈的特色，適合鮮豔、純正與冷豔的色調，除
了常見的黑、白、灰以外，紅、藍、綠、紫等色系也常運用在服裝搭配
上，而材質則以厚重保暖為主，服裝溫暖有份量的特質更能與冬天的寒
冷呈現完美的協調性（圖 3-6）。

此外，衣著的風格也需順應著時代的節奏，不必盲目地跟隨潮流，但也
需避免穿著過度落伍或奇特的服裝引人側目。

圖 3-6 冬季的服裝穿著

場合（Occasion）

衣著要能與所處的場合協調，當參與正式的會議時，應穿著莊重沈穩得服裝；參加正式宴會時，需穿著禮服；而在親友聚會或從事休閒活動時，穿著輕便舒適的服裝即可，以免過度招搖，與場合格格不入。

地點（Place）

在不同社交地點時，衣著也需與之相協調，例如在簡單樸實的地點（例如：朋友家作客或是氣氛放鬆的餐廳）中穿著過分華麗、正式的服裝就會顯得太過不實；反之，若在豪華氣派的場所（例如：正式晚宴或音樂會）中穿著休閒簡約的服裝就會顯得不重視、太隨性。

在服裝選擇上，只要掌握上述原則，並保持著整齊、美觀的衣著，即可建立良好的第一印象，以助於個人形象之塑造。由於穿著會在各種情境中影響他人對我們的印象，以下整理四種較常見的服裝穿著類型，以便在遇到相似的場合時，能夠快速掌握穿搭的重點。

1. 正式服裝（formal wear）：晚禮服（dinner jackets）、燕尾服（tuxedos）、晚禮服（evening gowns）或雞尾酒禮服（cocktail dresses）。
2. 商務服裝（business attire）：搭配有領襯衫和不過度花俏的領帶，或是訂製禮服和西裝等搭配不過度花俏的襯衫。
3. 商務休閒（business casual）：運動休閒外套配有扣襯衫，或是連衣裙和褲裝。

4. 休閒工作日（dress-down day）：通常公司會安排週間中不需穿著制服的一天，稱作「休閒工作日」。原則上以自己穿著舒適的風格為主，例如休閒長褲、裙子（但不可穿短褲或過度刷破的牛仔褲）或是有領襯衫（不可穿著 T 恤或背心）。

整體而言，穿著上應該力求俐落、整潔，並可以多選擇襯衫，純色或簡單設計感的都可以，但不可有過多的條紋樣式和圖案。正裝或休閒外套長度（當手臂垂直放下時）應該比大拇指長 2 公分為佳，外套和襯衫袖口間的距離應該距離拇指尖約 12 公分，並應該在袖套下方留有 1.3 公分的空間。

穿著也應避免將任何與教育、特定社群、政治性或宗教組織認同等的樣式與圖案，以減少不必要的尷尬；此外，在室內不可戴太陽眼鏡，並穿著乾淨的鞋子（不宜穿運動鞋）。另外，服裝的選擇上也應該選擇可以覆蓋住紋身的衣服，並應該力求整齊、無皺，以散發出自信與個人魅力。

第一節 正式場合

穿著可以是一個人性格的延伸，特別能夠顯示個人品味、教養、專業形象以及社會地位，因此在不同的場合的不同穿搭技巧，更能給人美好的第一眼印象。

一、各行各業穿搭

不同的行業有不同的服裝穿搭方式，應掌握行業的特色與個人優點，進而搭配出能展現個人風範的服裝風格。

（一）媒體、出版、創意、藝術、音樂產業

建議穿著較亮眼的套裝，並搭配著流行元素，在服裝中展現出你的創意與個人風格，讓人能從你的穿搭中感受出你的獨特與創造力（圖3-7）。

圖 3-7 較亮眼的套裝，並搭配著流行元素穿著

（二）法律、財經產業

此類產業給人一種專業的印象，在穿搭上需特別講究沉穩、保守與權威的態度，因此建議穿著深色系的套裝，如黑、白、灰、深藍等色系，呈現專業知識的形象（圖3-8）。

圖 3-8 深色系的套裝穿著

（三）文教、行政產業

此產業較偏內勤的性質，需穿著
優雅端莊，營造出可信任感，女
性可穿著洋裝與西裝外套，呈現
出氣質與親切的一面；男性則可
穿著襯衫與長褲，並以質感為大
原則，給人專業、知性的印象
（圖 3-9）。

圖 3-9 優雅端莊的套裝穿著

（四）房仲、保險產業

業務性質的工作不可或缺的就是
西裝、套裝，西裝給人的觀感就
是專業、信賴、可靠的印象，因
此在職場上穿著完整的西裝更能
顯現專業的態度（圖 3-10）。

圖 3-10 西裝穿著

重點摘要
1. 穿著重點掌握 T.O.P. 原則。
2. 視不同場合搭配適當的服裝與配件，營造專業大方的形象。

二、男士穿著

正確的服裝搭配能夠帶給旁人俐落、有品味的男性魅力，沉穩的色系和具有質感的衣料也能適度地提升整體氣質以及專業可靠的形象。

穿著西裝時，應選擇長袖有領襯衫和較爲沉穩的領帶樣式，並且要將襯衫紮好，不可讓內衣外露。皮帶和鞋子的選擇應該要一致，並搭配長度到小腿中間的襪子，以免翹腳時讓腿部直接露出。穿著雙排扣西裝時，一定要將全部扣子扣上，帽子也應在進入室內後立刻取下；此外，應將口袋中的零錢和鑰匙取出，保持平整俐落。最後，應隨時保持臉部整潔，適度地剪髮和刮去鬍渣。

（一）西裝

西裝又可分爲禮服、正式西服與休閒西服，男士在穿著西裝時，給人的感覺爲穩重、可信任、專業的，因此保持西裝的平整與挺拔感是很重要的，千萬不要髒兮兮、皺巴巴的，才不會給人落魄不得體的印象。

材質部份，大多數的傳統西裝還是以羊毛爲主：

1. 羊毛（wool）：其透氣性好、觸感舒適，抗皺度與耐用度也很高。
2. 羊毛精 （worsted）：是一種精細的織物，經由細密複雜的工法織成，觸感柔軟。
3. 喀什米爾（cashmere）：即爲山羊絨，爲羊毛中較高級的原料。
4. 棉（cotton）：也是常見的原料，棉的舒適度和透氣度高，缺點爲易皺，不透挺拔。

5. 亞麻（linen）：較為輕薄，適合作為夏季西裝的布料，抗皺性差，較適合作為休閒西服的布料。

6. 絲（silk）：適合運用在四季的材質，舒適度及透氣度佳，但較適用於參加奢華宴會上的西裝材質。

7. 天鵝絨（velvet）：工藝複雜，價格較高，適合於晚宴或派對中出現。

西裝常見的花紋為線條、幾何圖案以及最為常見的素面，若是出席商務或工作等正式場合時，選擇一套符合自己身形的合身西裝，花紋與顏色可以深色的素面或條紋為主，不僅看起來沈穩，也較為安全不容易出錯，而像是慶典、晚宴等非常正式、嚴謹的場合，可以選擇緞面或絲絨材質的西裝，增添華麗感與質感。

西裝扣的部分分為單排扣與雙排扣，單排扣最常見的從一顆鈕扣、兩顆鈕扣到三顆鈕扣都有，雙排扣上衣較常見的有兩扣、四扣、六扣。無論是單排扣或雙排扣西裝，穿著時都不應扣上最下方的扣子，以免在走動時因緊繃而產生皺摺；原則上，在站立走動時才扣，坐下時不需扣上扣子，以免布料在腰間皺成一團。此外，西裝也有著兩件式與三件式之分，三件式為外套內還有一件背心，較兩件式更為正式，三件式西裝需注意的是背心扣子不論何時都需扣著。

西裝除了分爲禮服、正式西服與休閒西服外，根據發源地不同，較常見的又分爲英式、義式、美式。

英式剪裁（圖 3-11）較爲合身，且肩型自然，不會過度墊肩來凸顯肩膀，使用較窄的西裝領和錐狀的腰身設計，後面衣擺部分開岔設計。義式剪裁（圖 3-12）強調體型與身體曲線，墊肩略厚，較強調肩型，在肩膀跟袖子接縫處會有上揚的設計，腰身設計較明顯，且後面不開岔。美式剪裁（圖 3-13）適合身材壯碩的男性，講求舒適，相較於英式與義式較爲寬鬆、肩膀與袖子接縫處直接滑出，此版型設計較易顯得沒精神，給人邋遢的印象。

圖 3-11 英式剪裁西裝　　　圖 3-12 義式剪裁西裝　　　圖 3-13 美式剪裁西裝

西裝翻領分爲三種領型：劍領、絲瓜領和西裝領。劍領（圖 3-14）是其中最正式且優雅的領型，晨禮服與燕尾服就是此款領型。絲瓜領（圖 3-15）較常運用在小禮服上，一般西裝較不常見。西裝領（圖 3-16）是目前運用最普遍的領型，也是商務人士最常穿著的。

圖 3-14 劍領剪裁西裝　　　圖 3-15 絲瓜領剪裁西裝　　　圖 3-16 西裝領剪裁西裝

在西服長度方面，正式西裝的長度應為手自然下垂時，西服下擺切齊大拇指第一關節或到大拇指與掌心交接處之間（圖 3-17）。

圖 3-17 西服長度

（二）襯衫款式與領型

雖然在穿上西裝後，襯衫露出的部分僅剩領子與袖口，但一件搭配得宜的襯衫也能成為整套穿搭的焦點。在正式場合中，主要穿著長袖襯衫，即使是夏天也須穿著長袖襯衫。穿著襯衫前須確認襯衫是否平整無痕，而襯衫多以淺色為主，如白、藍、淺藍、淺粉、灰等顏色。選擇襯衫時要注意手部是否能自由活動，以及整體的合身度與剪裁。除此之外，襯衫的領型與袖口也都有其講究的細節。其中，襯衫領子在襯衫中扮演著「襯托」整個臉部的角色，因此領片的大小、角度、形狀等設計變得非常重要。常見的領型有標準領、圓領、長尖領、寬角領、立領、鈕扣領、溫莎領等（圖 3-18）。

1. 標準領（Classic Collar）：最常見的領型，既正式又百搭，適合搭配多種領帶的打法，其設計適合各種臉型的人，建議怕選擇領型出錯的人可選擇標準領。

2. 圓領（Rounded Collar）：領尖的部分呈現圓弧狀，線條柔和圓滑，給人古典優雅的印象。

3. 長尖領（Long Point Collar）：較標準領長，線條簡單俐落。

4. 立領（Band Collar）：爲特殊的領型，此類領型無法搭配領帶，適合在較爲休閒、非正式的場合穿著。

5. 鈕扣領（Button-Down Collar）：領尖有扣子，給人活潑的印象，早期屬於較爲休閒的襯衫款式，但現今越來越多正式襯衫也開始融入此設計元素。

6. 溫莎領（Spread Collar）：領角尖的角度較大，成「八字」，又稱八字領，角度約 120 到 180 之間，爲非常正式的領型。

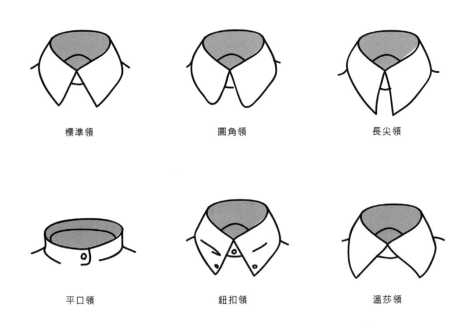

圖 3-18 襯衫領型

而依照每個人臉型的不同都有其適合的領型（圖 3-19）：

1. 橢圓形臉（Oblong）：此類型的臉型在挑選領型時較不受限，可以嘗試不同的領型，營造出不同的氣質。

2. 長型臉（Rectangle）：臉型較窄且長，臉部菱角明顯，脖子通常較長，此臉型的人建議可以選擇領口角度較大的領子，或圓領及立領來調整臉與脖子的比例。

3. 圓形臉（Round）：下巴較為圓，建議標準領、鈕扣領或領子較尖長的領型，可以拉長臉部，調整臉型。

4. 方型臉（Square）：臉部菱角明顯，可挑選圓領、立領等線條較為柔和的領型，避免挑選領角太明顯強烈的領型。

5. 倒三角臉（Inverted Triangle）：下巴較尖，建議可以挑選領口角度大的領型，如溫莎領，讓臉型看起來柔和些。

 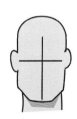 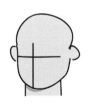

橢圓形臉（Oblong）　　長型臉（Rectangle）　　圓形臉（Round）

方型臉（Square）　　倒三角臉（Inverted Triangle）

圖 3-19 臉型分類

穿著西裝時，襯衫袖口需略長
於西裝袖口1至2公分，但不
可超過虎口，襯衫的袖口雖不
像襯衫領引人注意，但若在此
小細節多講就一些，也能給人
品味不凡的印象。袖口大致有
鈕扣袖口（button cuffs）與法
式袖口（French cuffs）兩類，
而依照切邊的方式分為標準型
（standard）、圓形（rounded）和
切角型（angled）（圖 3-20）。

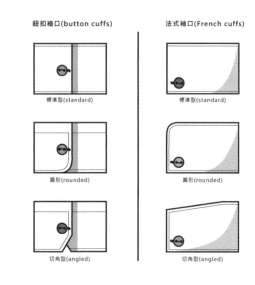

圖 3-20 袖子扣子

（三）西褲

相較於西服的備受矚目，西褲是以配角的方式呈現。正式西裝中，長褲需
與西裝上衣同花色，才有整體的一致性。穿著西裝褲前須將西裝褲整燙好，
避免有皺摺給人邋遢的印象。褲管長度（圖 3-21）要適中，站立時需蓋過
腳踝，一般筒標準長度為與皮鞋上緣切齊，過長時會皺皺的，容易顯得沒
精神。

西褲版型部分，挑選合身的西褲須以褲頭為優先考量，褲頭高度應落在肚
子最高點處，穿著過低會凸顯小腹，過高也會顯得比例不當。有些西褲在
褲頭處有打摺，挑選打摺與否的西褲須看個人身型去做選擇，通常臀部較
寬或肚子較大的男士建議穿著有打摺的西褲，可適時遮掩，也不會顯得褲
子太過緊繃；而無打摺的西裝褲會較年輕俐落。太胖的人穿平口會顯得褲

子太過憋，太瘦的人穿打摺褲則會顯得沒精神。褲管的寬窄需適中，然而因為每個人的身形有所不同，建議在購買及訂製西裝時，需試穿以選擇出穿起來最適合自己的。

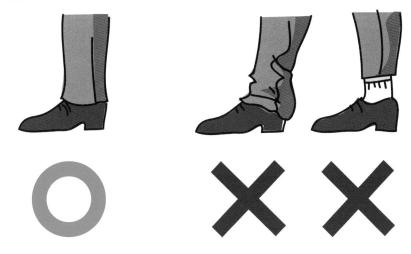

圖 3-21 西裝褲長度

（四）領帶

穿西裝時最搶眼的通常不是西裝本身，而是領帶。領帶的搭配能為一成不變的西裝增添不同風格，可謂西裝的畫龍點睛之處。

挑選領帶寬度時，需和西裝的領寬配合，如果是窄領西裝時，可挑選窄版領帶（5 到 7 公分）；若為一般寬領西裝時，可挑選正常寬度的領帶（8 到 10 公分）。另外也須依個人體型去做選擇，身材較寬或壯碩的人不宜繫上太細的領帶，會顯得太過對比；反之，太瘦或單薄的人不宜繫太寬的領帶。在領帶長度方面，在打好領帶後，領尖的部分應落在西裝褲頭與腰圍之間，若超過褲頭或是高於腰圍都會顯得不協調（圖 3-22）。若穿著背心或西服，領帶需介於襯衫與它們之間，別讓領帶尾端露出。

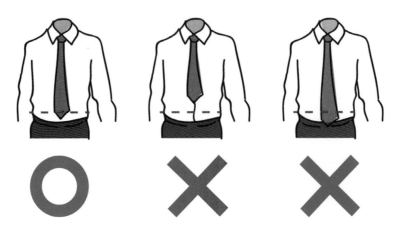

圖 3-22 領帶長度

大多數領帶皆為絲質，也有針織等材質，
領帶可說是整套正式西裝的靈魂，不同的
領帶花色，可以改變整套服裝的風格。一
般來說常見的有素面、斜紋、原點、小花
紋與幾何圖案，在正式的工作場合，通常
還是以素面與條紋的領帶為主，才不失穩
重與專業的形象（圖 3-23）。

圖 3-23 展現出專業與嚴謹態度的西裝穿著

基本上，灰白黑為主的搭配能展現出專業
與嚴謹的態度；另外則可視出席場合的不
同而進行搭配（圖 3-24），例如：參加喪
禮時應繫上黑色領帶。若不想太過嚴肅，
也可以搭配條紋領帶，不失專業感，也能
使較為單調的搭配呈現出一個重點。

圖 3-24 透過西裝顏色與領帶的搭配穿著

以白襯衫來說，它就像一塊畫布，能搭配任何花色的領帶。若穿著杏色、暖色的服裝，即可搭配紅色、駝色為底色的領帶。若是穿著冷色系，如藍色、灰色或黑色，則可選擇深藍、深灰、深咖啡為底色的領帶，或是搭配鮮豔的對比色讓整體服裝更搶眼。但需注意的是，整套服裝的色彩不宜超過三個顏色，否則容易失去重點（圖3-25）。

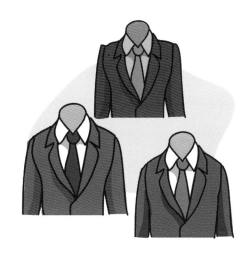

圖 3-25 不同的西裝搭配

領帶的打法有以下幾種：

1. 平結（Piain Knot）：是最常見的領帶打法之一，幾乎是用於各種材質的領帶，特別適用於八字領（圖3-26）。

   適合領口：窄領

圖 3-26 平結打法

2. 雙環結（Double Knot）：具時尚感，適合年輕上班族選用，在打法上比平結多繞了一圈，其特色為，領帶打完後第一圈會稍稍露出於第二圈外，增加份量感（圖3-27）。

   適合領口：窄領、標準領

圖 3-27 雙環結打法

3. 交叉結（Cross Knot）：特色為在節上有一道分隔線，適合素色且材質較薄的領帶，能增加領帶的造型與層次，免除單調的感覺（圖 3-28）。

適合領口：標準領

圖 3-28 交叉結打法

4. 溫莎結（Windsor Knot）：為最正統的領帶打法，屬於比較浪漫的領帶打法，結呈飽滿的倒三角形，應避免使用材質過厚的領帶，結才不會變形或過大，此款領帶打法適合身材較矮小的人（圖 3-29）。

適合領口：寬角領

圖 3-29 溫莎結打法

5. 半溫莎結（The Half-Windsor Knot）：領帶打完後成位置很對稱，結相較於溫莎結小一些，使用細的領帶會較好操作，又稱「十字結」（圖 3-30）。

適合領口：尖領、標準領、中型領口

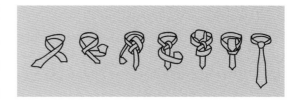

圖 3-30 半溫莎結打法

6. 四手結（The Four-Inohand）：所有領帶打法中最簡單的，四個步驟即可完成，因此稱為「四手結」，繫法與平結相似，適合用寬度較寬或材質較厚的領帶，此款打法較為休閒，適合用在普通場合（圖 3-31）。

適合領口：窄領、標準領

圖 3-31 四手結打法

7. 亞伯特王子結（The Prince Albert Knot）：適用質地較柔軟的領帶，使用此繫法時，由於要繞三圈，因此避免使用太厚的材質。正確繫法為在寬邊預留較長的空間，繞第二圈時盡量貼合在一起（圖 3-32）。

適合領口：尖領

圖 3-32 亞伯特王子結打法

除了領帶外，在一些正式場合中也可以看到領結的搭配（圖 3-33），通常與西裝或是禮服一起搭。在現今社會中越來越多人會選擇穿戴領結出席晚宴，而在傳統社會中，領結被視為配燕尾服最正統的搭配。在國內，領結較常被運用在餐飲業或接待人員上，除非參加國際場合的活動，否則一般還是以繫領帶為主。

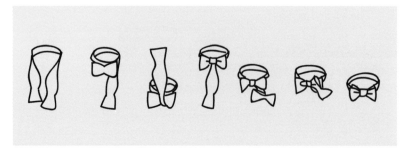

圖 3-33 領結打法

禮 儀 小 補 帖

在正式場合時，領結應以雙結打法爲佳；非正式場合時，打單結即可。

知識小書籤　領帶的由來

好幾世紀前的英國婦女，由於經常要爲了清洗沾滿食物油垢的衣服而煩惱，於是想出了一個辦法——先在男性的衣領下方掛上一塊布條，好讓其用餐時可避免食物噴濺到衣服上，還可隨時拿來擦拭嘴巴，並同時在袖口縫上幾顆小石子，每當男性貪圖方便使用衣袖擦嘴時，就會被小石子刮傷。

於是，英國男性漸漸改掉過去不太文雅的進食方式，而這塊衣領下的布，順理成章成爲了日常衣著的一部份。而縫在袖口的小石子，則成爲了現在的袖釦。

（五）領帶夾

主要用途為將領帶固定在襯衫上面，避免領帶飄來飄去有失禮儀。領帶夾（圖 3-34）正確的位置為襯衫從上往下數來第四與第五顆鈕子之間，在穿著西服時不宜讓領帶夾露出。

圖 3-34 領帶夾

（六）皮帶

皮帶（圖 3-35）是個穿著西裝時不可忽視的重要配件，一般是以黑色或咖啡色為主，建議與皮鞋的顏色同色，整體的顏色會看起來比較平衡。黑色皮帶較常被用在比較正式的場合，而咖啡色皮帶則常用在非正式或是休閒場合。此外皮帶扣的挑選也是整體搭配中能展現個人品味的細節，需注重質感與簡約，切勿挑選太過浮誇的款式。

圖 3-35 皮帶

（七）眼鏡

現在市面上眼鏡的款式琳瑯滿目，挑選一副適合自己的眼鏡（圖 3-36）格外重要，應避免過度招搖的顏色與款式，一副不合時宜的眼鏡可能成為整體造型的敗筆。若在正式場合，應配戴較小的鏡框，且顏色大眾化的眼鏡，才能彰顯大方得體的態度與專業。

圖 3-36 眼鏡

（八）襪子

穿著正式服裝時，襪子需以深色爲主
（黑色、灰色、深藍）（圖 3-37），避
免穿著白色襪子或是運動休閒襪，且襪
子的穿著長度不宜太短。原則上，坐下
時不露出小腿皮膚，同時需注意襪子的
清潔以及是否有破洞，襪頭若鬆掉就不
適宜在穿出門。多天可穿著棉襪或針織
襪，夏天則可選擇絲質或薄一點的襪子
保持清爽。

圖 3-37 深色長襪

（九）皮鞋

皮鞋的樣式（圖 3-38）以保守、素面、
光滑爲主，正式的場合需穿著有鞋帶的
皮鞋，鞋邊有些雕花做爲裝飾也無妨。
在正式場合中，最常見也是最安全的皮
鞋顏色爲黑色，深色的西裝，與黑色皮
鞋都能做搭配，選擇皮鞋時也需注意，
鞋跟不宜太高，也不要打釘，避免走起
路來發出「扣扣」的聲響，而在非正式
場合可以穿著沒有鞋帶的皮鞋。在保養
皮鞋方面，應適時擦亮皮鞋，保持鞋面
的光亮，才能給人整齊俐落的好印象。

圖 3-38 皮鞋樣式

（十）袋巾

袋巾（Pocket Squares）早期是在貴族與富人間流行的，當時是高級的象徵；而在現代袋巾可為紳士穿著西裝時的重點，現今許多人也把袋巾作為點綴整體服裝的配件。袋巾的多樣折法如下（圖 3-39 ～ 3-42）：

1. 兩角折法　　　　　　　　　　　　2. 三角折法

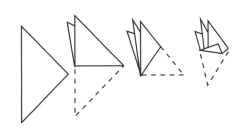

　　　　圖 3-39 袋巾兩角折法　　　　　　　　圖 3-40 袋巾三角折法

3. 角錐折法　　　　　　　　　　　　4. 一字型折法

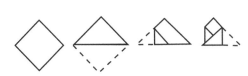
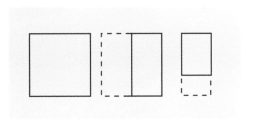

　　　　圖 3-41 袋巾角錐折法　　　　　　　　圖 3-42 袋巾一字型折法

重點
摘要

1. 衣服剪裁要合身，以免鬆垮垮的沒精神。

2. 長袖襯衫勿將袖子捲起，會太過隨性不得體。

3. 西裝上衣與褲子口袋不要放太多東西，以免鼓鼓的不好看。

4. 無論是單排扣或雙排扣西裝，穿著時都不應扣上最下方的扣子，以免在走動時因緊繃而產生皺摺；原則上，在站立走動時才扣，坐下時不需扣上扣子，以免布料在腰間皺成一團。

5. 穿著襯衫時，需紮進褲子裡。

6. 保持服裝平整與清潔。

7. 西服左側的外胸袋是放袋巾的，鋼筆、錢、名片則放在內側口袋。基本上，外側下的兩個口袋是不放東西的。

8. 避免穿著白襪。　■

知識小書籤

找尋屬於適合你的穿搭選擇

一、個子較矮的男士

1. 此類型男生，穿上現成西裝時，常會有衣長或袖子過長的問題（圖 3-43）。
   挑選一件合身的西裝就顯得格外重要，才不至於看起來笨重。

2. 選擇西裝款式時，應避免過度花俏，以免更顯眼，讓大家更注意到身高。
   選擇低調質感的款式，更能提升整體氣質。

3. 西裝顏色的選擇，可以挑選冷色系或黑色系，如深藍、黑。

4. 西裝花紋可挑選直條紋的款式，創造出視覺上拉長的感覺。

5. 單排扣的外套是較佳的選擇，可以讓整體呈現一直線。也盡量選擇單扣或
   雙扣的外套，太多扣子會更顯出身高比例的不平衡。

6. 西裝外套的長度不宜太長，可選擇較短一點的西服以及較低腰款的西褲，
   讓腿部露出的部分更多，拉長比例。

7. 西褲部分，建議選擇無打摺的西褲，打摺的西褲會讓整體看起來更寬更矮。

8. 劍領能讓整體看起來更為俐落。

圖 3-43 個子較矮的男士穿著

二、壯碩體型的男士

1. 此類型的男士，通常肩膀及上半身
   部分較爲厚實，因此在穿著西裝
   時，需注意，要讓整體比例平衡些。

2. 選擇布料時，可以選擇較有質感的
   布料，並避免選擇太厚重的布料，
   讓身形看起來更厚（圖 3-44）。

圖 3-44 體型壯碩的男士穿著

3. 花紋可挑選直條紋或素面的款式，將整體拉長，避免穿著格紋會顯得更寬。

4. 單排扣的西服能讓整體比例拉長，而雙排扣會讓上半身看起來更寬。

5. 此類型男士，肩膀線條已經很結實挺拔，因此可以選擇無墊肩的西裝，用
   最自然的優勢撐起整套西裝。

6. 西裝褲應選擇無打摺的褲子，才不至於讓整體看起來更壯更寬。

三、精瘦扁身的男士

1. 此類型的男士通常較爲瘦高，在穿
   著上需講求線條，並讓整體看起來
   厚實些。

2. 選擇布料時，太輕薄的材質會看起
   來更弱不經風，因此建議可以選擇
   材質較厚挺的材質，可以增加視覺
   的份量。

圖 3-45 高瘦的男士穿著

3. 西裝顏色的選擇，可以著重在淺色系，會有良好的放大效果。

4. 西裝花紋避免選擇直線條的樣式（圖 3-45），否則會讓整體造型看起來更
   爲細長，若是較爲休閒的場合，可以穿著格紋西裝，讓身形放大些。

5. 另外也可以嘗試穿著三件式的西裝，在西裝外套中加上背心，能讓上半身
   看起來較寬，並營造出不同的風格。

6. 開衩部份，可選擇沒開衩的西裝外套，才不會使西裝看起來更鬆。

7. 穿著有打摺的西裝褲，能讓下半身看起來寬一些，但也不宜太過寬鬆，會沒有精神。

8. 需選擇有墊肩的西裝，增強整體厚度，但須避免墊得太厚，讓整個比例失衡。

四、圓潤型的男士

1. 此類型的男士通常腹圍與臀部較大，身形較為壯碩，要避免穿上西裝後顯得緊繃，或更凸顯出身體圓潤的線條。

2. 選擇布料較輕薄柔軟的西裝，裝上去時才不會顯得厚重。

3. 多選擇深色系的西裝，如深藍、黑、深灰，能讓整體有縮小的視覺效果；不宜穿著淺色的服裝，會讓整體身材被放大（圖 3-46）。

4. 西裝的花紋可以選擇直線條的款式，把整體比例拉長，看起來會比較纖瘦。

5. 可挑選雙排扣的外套，能巧妙修飾腹部，讓腹部看起來較為平坦。

6. 開衩部份，可選擇單衩的西裝外套，看起來才不會太憋，盡量避免穿著沒有開衩的西裝，活動空間會看起來被拘束。

7. 穿著打摺的西褲，能修飾較寬的臀部。

8. 袖子修改為合身一點，能讓整體搭配較有精神。

9. 可選擇有適當厚薄度的墊肩，整體會較為挺拔。

圖 3-46 圓潤型的男士穿著

知識小書籤 禮服款式

在歐美社會的某些場合中，也會有需要更爲講究的禮服穿著，以下介紹幾種禮服型式：

一、晨禮服（Morning Coat）
是日間下午六點前最正統的大禮服，又稱「早禮服」或「日間禮服」（圖3-47）。其特色爲優雅的流線型外套，前幅較短並斜向後面彎出，常搭配背心、領結，整體搭配充滿了貴族感。晨禮服起源於英國賽馬比賽，因此也稱爲賽馬禮服。與晚禮服最大的不同就是，晨禮服的上衣與褲子可爲不同顏色，通常外套爲黑色，而褲子爲深色條紋。晨禮服在出席婚禮時會搭配禮帽，而上衣領型一般會採用絲瓜領，可搭配領帶或領結，上衣中的背心通常會穿著灰色等較爲淺色的背心。

圖 3-47 晨禮服 Morning Coat

二、晚禮服（Tuxedo）

是現代國際上共通的晚間正式禮服（圖
3-48）。款式有單排扣與雙排扣，領型有尖
領、絲瓜領、一般西裝領，無論那一種款式，
領子都必須是絲光緞面，褲管兩側也必須有
兩條絲緞飾帶，可搭配絲光織紋質料的禮服
背心。正統的晚禮服是不使用皮帶的。如果
不穿背心則必須使用與領結相同材質做成的
禮服腰封，圍在褲腰間或使用吊褲帶。禮服
專用豎領襯衫，通常是搭配黑領結。因此，
在邀請卡上如果有註明 BLAK TIE 就是指定
要穿晚禮服參加。

圖 3-48 晚禮服 Tuxedo

三、燕尾服（Evening Dress Coat）

為禮服中最常見也最正式的禮服，亦被稱為
大晚禮服，其特色為前短後長（圖 3-49）。
前面的長度落於腰際，而後擺則拉長及膝，
尾端似燕子的尾巴，可修飾身材，拉長腿部
比例，加強腰身。燕尾服的上衣與褲子須為
同色，一般來說是以黑色為主，較為正式。
燕尾服起源於十八世紀初，英國的騎兵在騎
馬時認為長長的衣服非常不方便，因此將前
面的下襬捲起，露出了裡面的襯裡，然而這
偶然的舉動，反而看起來美觀又方便，也越
來越多人效仿，因此漸漸成為流行的禮服款
式，甚至遍布全球。

圖 3-49 燕尾服 Evening Dress Coat

三、女士穿著

比起男士，女士在服裝上的選擇更加的多樣化，透過適度妝髮的修飾，更能帶出女性優雅的形象，散發出動人的吸引力。

穿著應以創造專業形象爲重點，並可多加選擇正裝和襯衫。穿裙子或連衣裙時，應搭配褲襪，並隨身多準備一對，以免陷入意外勾破的窘境；此外，前述的服裝選擇時應考慮裙襬和領口設計是否適合。可攜帶公事包或小皮包，並且避免穿著露背服裝和露趾鞋。適度使用香水和美妝產品，不宜過度濃妝豔抹，以免弄巧成拙。

（一）上班時的穿衣重點

1. 女士在穿著上應謹記「三點不露」的原則（圖 3-50）：
   （1）肩膀：無袖背心或是細肩帶的小可愛不適合在工作場合穿著。
   （2）膝蓋：短褲和迷你裙亦不適合於工作時穿著。
   （3）腳趾頭：在工作場合穿著的鞋子必須是包頭鞋（前包、後包）才行，鞋子最好也要有點高度，大約五公分以內即可。

圖 3-50 穿著上應謹記「三點不露」的原則

2. 應透過工作性質與年齡，選擇適合的風格與款式，營造個人品味：

（1）18 ～ 30 歲，明亮有朝氣的風格（圖 3-51）。

（2）31 ～ 35 歲，柔美典雅，散發優雅氣息的款式（圖 3-52）。

（3）36 ～ 50 歲，剪裁簡單有質感，凸顯個人自信與專業的款式（圖 3-53）。

（4）51 ～ 60 歲，色彩柔和，具有親切感與高貴的款式（圖 3-54）。

圖 3-51　　18~30 歲

圖 3-52　　31 ～ 35 歲

圖 3-53　　36 ～ 50 歲

圖 3-54　　51 ～ 60 歲

3. 上班時若使用香水，應噴灑在脈搏跳動部位（如耳後、胸口、手肘內側及手腕），可讓香味較爲持久，但應避免過度濃郁（圖 3-55）。

4. 妝容應以淡妝爲佳，避免過度濃妝豔抹或是不化妝（圖 3-56）。

圖 3-55 香水噴灑部位（耳後、胸口、手肘　　　圖 3-56 女性淡妝
內側及手腕）

5. 絲巾：可依照季節選擇適合的款式與材質，可爲整套服裝帶出畫龍點睛的效果（圖 3-57~3-69）。

圖 3-57 絲巾打法 1　　　　圖 3-58 絲巾打法 2　　　　圖 3-59 絲巾打法 3

圖 3-60 絲巾打法 4　　　　　　　　圖 3-61 絲巾打法 5

圖 3-62 絲巾打法 6

圖 3-66 絲巾打法 10

圖 3-63 絲巾打法 7

圖 3-67 絲巾打法 11

圖 3-64 絲巾打法 8

圖 3-68 絲巾打法 12

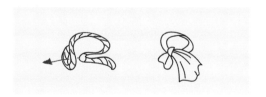

圖 3-65 絲巾打法 9

圖 3-69 絲巾打法 13

（二）晚宴

晚宴的部分，由於場合較爲隆重，因此在衣著與妝容上可以較爲華麗高貴，
展現出個人繽紛多彩的樣貌。

1. 大禮服（Swallow Tail,Tail Coat,White Tie）的穿著重點：妝容可採打亮的
   方式進行，以突顯出五官之立體與臉部光彩。禮服剪裁可選擇低胸、裸
   背或及地之設計，並可配戴及肘長的手套。鞋子建議以包頭式高跟鞋爲
   宜。另可搭配白色領結（圖 3-70）。
   例如：正式晚宴。

2. 小禮服的穿著重點：配合宴會的目的與氣氛，並以華麗裝扮爲主。妝容
   可採立體式梳化。禮服剪裁則爲裙長至膝，非及地之禮服爲宜。鞋子可
   選擇金、銀色系，可較顯亮麗（圖 3-71）。
   例如：雞尾酒會等較輕鬆的場合。

3. 旗袍：白天爲短旗袍，晚宴場合則爲長旗袍（圖 3-72）。

圖 3-70 大禮服　　　　　　圖 3-71 小禮服　　　　　圖 3-72 短旗袍、長旗袍

重　點 摘　要	1. 穿著上應謹記「三點不露」的原則。 2. 妝容應以淡妝為佳，避免過度濃妝豔抹或是不化妝。 3. 香水應避免過度濃郁。

禮儀小補帖

根據不同的活動場合上，女性應掌握穿著的界線，在不失禮的狀態下，也能適時地為自己增添風采。例如：參加午宴時可選擇展露腿部線條的服裝、但不宜穿著低胸及裸背服裝；參加晚宴時可選擇低胸、裸背剪裁的服裝，並以長裙為主，不宜選擇展露腿部線條的開衩服裝。

知識小書籤 尋找屬於適合妳的穿搭選擇

一、高而纖細型的女士

1. 應選擇橫條紋的上衣，可讓身形較為膨脹（圖 3-73）。
2. 材質可選擇較有層次與厚度的，避免選擇輕薄貼身的質料。

二、高而豐腴型的女士

1. 應選擇剪裁俐落的直條紋款式，並可配合腰帶使用（圖 3-74）。
2. 避免選擇花樣複雜且材質厚重的款式。

圖 3-73 高而纖細型的女士穿著　　　　圖 3-74 高而豐腴型的女士穿著

三、嬌小型的女士

1. 建議選擇有皺褶或蕾絲邊的上衣款式（圖3-75），並可搭配A字裙，可讓身形較顯修長。

2. 避免選擇寬鬆直筒的褲子、裙子款式及靴子。

圖 3-75 嬌小型的女士穿著

四、矮且豐腴型的女士

1. 避免選擇設計過於繁複的款式，而應選擇俐落的剪裁款式（圖3-76）。

2. 如著裙裝，裙長應為膝下約 8 〜 10 公分，可較顯俐落。

圖 3-76 矮且豐腴型的女士穿著

第二節　整體儀容

除了在穿著上掌握適合自己身型的服裝風格，如果能在舉走投足之間展現出優雅的儀態，更可以自然地散發出個人自信與風采。

一、站姿訓練要點

「九點靠牆」，即後腦、雙肩、臀、小腿、腳跟九點緊靠牆面。並由下往上逐步確認姿勢要領。

二、標準站姿

基本原則為抬頭挺胸、雙目平視，並將兩腿併攏，展現個人的自信與魅力（圖 3-77）。

（一）基本原則

1. 抬頭挺胸、脖頸挺直。
2. 微收下頷、雙目平視，頭和下巴成直線，下巴與地面平行。
3. 雙肩放鬆，稍向下壓，雙臂自然地垂放於身體兩側。
4. 脊椎、後背挺直，挺起胸部，收縮小腹。
5. 兩腿併攏立直，兩膝和腳跟靠緊。

男士：雙腳分開站立與肩同寬，挺胸、雙肩放鬆，雙臂自然下垂並置於身體兩側，腳掌分開 V 字形。

女士：腳跟併攏，腳尖分開 60 度左右，兩膝併攏。

圖 3-77 站姿

（二）男性標準站姿

男性站立時，身體要立直，挺胸抬頭、下頜微收、雙目平視、兩膝併攏、兩腳平行，不能超過肩寬。

（三）女性標準站姿

避免僵直，肌肉不可太緊張，可以適宜地變換姿勢，追求動感美。

三、標準坐姿

男性的標準坐姿應掌握挺拔但不過於拘謹的狀態，兩腳與肩同寬，並將雙手自然貼於大腿上。女性坐下時，建議位子坐三分之一，不宜坐滿；同時，將上半身保持挺直，雙腿可斜放，展露腿部線條。

（一）男性標準坐姿

男士坐姿（圖 3-78）可以雙腳微張，但切勿寬過肩膀；雙手應貼於大腿上，腳尖則朝前方擺置。

圖 3-78 男性坐姿

（二）女性標準坐姿

1. 坐在椅子前端，不坐滿，一腳在前，另一腳則往後退（可用小腿靠著椅子）。調整好坐姿後，再將衣服與裙襬拉好即可（圖 3-79 ～ 3-81）。

圖 3-79 女性坐姿（正面）   圖 3-80 女性坐姿（側面）   圖 3-81 女性坐姿：翹腳時應將腳尖朝下

禮 儀 小 補 帖

女性坐下時，位子建議只坐三分之一，不宜坐滿。

2. 坐下時，上半身保持挺直，膝蓋微微彎曲，讓臀部下沉慢慢坐到椅子上（圖 3-82）。

3. 站起時，先確定好站立的位置，然後先伸出一腳並迅速站起（圖 3-83）。

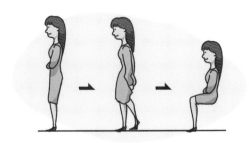 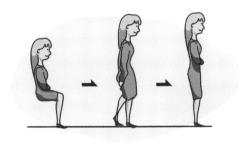

圖 3-82 坐下時的   圖 3-83 站起時的

| 重　點
摘　要 | 1. 掌握站姿「九點靠牆」原則。
2. 抬頭挺胸、脖頸挺直。 |

第三節　特別活動與場合

除餐敘和工作以外，在休閒娛樂的場合之中，適當的服裝搭配能夠在需要社交時為個人增添風采，而以下將就藝術文化場合（例如：音樂會、舞台劇）來解析服裝穿著的技巧。

當代的藝術文化場合其實沒有規範的服裝限制，但以西方國家來說，由於歷史文化的積累，群眾通常習慣穿著較為正式的服裝（例如：晚禮服）去參加。因此，如果有機會在國外去聽音樂會或觀賞表演時，服裝方面講究一點會更好。也許不用穿著晚禮服，但仍應該穿著比較正式的服裝，例如：男士穿著西裝、打領帶（或領結），女士則穿著典雅精緻的套裝。

再將視角轉回國內，也許並不像在國外那般盛重，但服裝應該掌握在不過於拘束，且應該避免穿著拖鞋、涼鞋、短褲、短裙等等，對藝術與演出人員也是一種基本的尊重。

| 重　點
摘　要 | 1. 穿著正式的服裝。
2. 避免穿著拖鞋、涼鞋、短褲、短裙；此外，女性如穿著
　　會露出腳趾的鞋子，應搽上指甲油。 |

知識小書籤 服裝顏色

根據美國求職網站 CareerBuilder 的統計，在所有色彩中海軍藍是最安全的選擇，能給人誠懇、正直的感覺，而灰色也能展現出專業度卻又不會太過於拘謹或嚴肅，而所有色彩中黑色是最能表現出專業感的顏色。

參考資料

衣服顏色
http://www.makebizeasy.com/article/70646.html
http://www.wuji8.com/meta/96849556.html
http://www.epochtimes.com/b5/7/12/17/n1945103.htm

西裝材質
http://www.whyenjoy.com/archives/15700
http://www.grand-tailor.com.tw/column_content.php?item=14&from=2

誰適合穿什麼西裝
https://www.ptt.cc/bbs/Suit_Style/M.1370450102.A.667.html
http://apinkle.blogspot.tw/2015/02/part-i.html

襯衫
https://www.fashioncookie.com.tw/corpo/bulletins/recommend/454

領帶
http://mf.techbang.com/posts/2023-sportsman-credits-plain-shirt-plaid-shirts-shirts-of-different-patterns-and-colors-for-ties
http://mf.techbang.com/posts/368-dating-working-professional-clean-shirt-and-tie-matching-notes-in-different-places
http://www.how01.com/article_277.html

西裝重點圖
http://www.gjsuit.com/tips.html

晚禮服
http://www.nobility.com.tw/formal.html

CHAPTER **4**

住
的
禮
儀

在住的禮儀方面（圖4-1），隨著高度的商業化與人口密度變遷，我國的居
住型態也逐漸被林立的高樓大廈所取代，鄰居情誼雖不復過去緊密，但仍
應保持敦親睦鄰的原則。而且，外出旅行或洽公時，通常會寄宿朋友家或
下榻飯店，是故掌握住的禮儀，也成為國際禮儀的重要一環。

圖 4-1 住的禮儀

學習目標

1. 了解適當的敦親睦鄰原則

2. 學習作客時的正確態度與行為

3. 了解住宿飯店時的基本禮儀

4. 掌握住宿飯店時的相關規範

第一節 居家禮儀

華人社會中的鄰居關係是緊密的，但由於臺灣面積小且人口密度高，居住型態也不再是以平房爲主，鄰居感情也較爲疏遠。即便如此，仍應保持敦親睦鄰的原則，以免讓鄰居感到困擾。目前我國常見的居家種類爲公寓式住宅、獨棟或別墅型住宅爲主要。

一、公寓式住宅

由於地窄人稠的原因，目前臺灣普遍的居住型態之一即爲公寓式住宅（圖4-2）。

1. 移動傢具時動作要輕巧，除非重量無法負荷的傢俱，否則應抬起懸空後再移動，避免發生在地上麻擦的吱吱聲，影響樓下住戶的安寧。

2. 使用會發出聲響的設備（如音響、樂器）時，需降低音量，並注意時間，若太早或太晚時，更應放低音量以免打擾鄰居休息。

3. 與朋友在住家相聚時，不應大聲喧嘩。

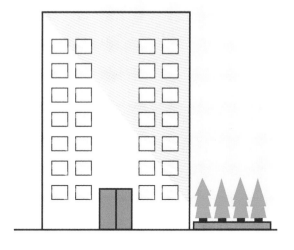

圖 4-2 公寓式住宅

4. 與家人交談時，切勿過於大聲說話。

5. 不論隔音好壞，都不可竊聽鄰居的對話。

6. 若陽台有擺放盆栽，澆水時應注意，避免讓水往下滴落，噴灑到樓下鄰居的住處。

7. 大樓的走廊與樓梯間為公共空間，避免擺放鞋櫃等私人物品，影響鄰居的出入與逃生時的路線通順。

8. 遇到鄰居時應親切的打招呼，禮尚往來。

9. 出入公寓大門時應隨手關門關燈，節能減碳，避免浪費公共用電，並維護大家的安全。

10. 住宅外的公共空間也應保持整潔，做到敦親睦鄰。

二、獨棟或別墅型住宅

除了公寓式住宅，臺灣各地仍有許多傳統的獨棟透天或別墅型住宅（圖 4-3），雖比起公寓有著較大的私人活動空間，但仍有些注意事項，如下：

1. 適時整理自家的庭園造景，才不至於雜亂生長影響公共空間的便利性與安全性。

2. 曬衣服應於陽台，不宜在道路上曬衣服影響旁人觀感。

3. 垃圾要放置於適當位置，如子母車或公共垃圾桶。避免堆放在路旁影響環境衛生。

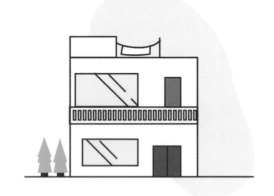

圖 4-3 獨棟或別墅型住宅

4. 避免使用住家前的公共用地擺放私人物品，或是設置柵欄、隨意停車等行為。

除了以上對於公寓與獨棟或別墅住宅的特別注意事項外，也有些基本守則需注意：

1. 居家環境幽雅：居家環境應保持舒適，空氣流通、光線充足。除了自家住宅內，也須注意住宅附近的環境，以提升整體居住品質。

2. 傢俱擺飾雅緻：不論住在哪種類型之住宅，必有許多傢俱，如，床、沙發、桌子、椅子、櫥櫃等，此外也會有裝飾品，無論大或小，都須特別注意其擺設。若擺設有序，也能讓人感受到舒適，避免雜亂無章沒有一致性的陳列。若有客人來訪，從家中裝潢擺設也能感受出主人私下的品味與個性，因此需特別注意擺設的大小細節。

3. 住家內外整潔：整潔是居家禮儀中最為基本的部分，在高貴的豪宅中，儘管有著各種名貴的擺飾品，若居家環境髒亂不堪，也會讓質感下降，彰顯不出其價值。例如在簡約沒有過多裝潢擺設的住宅中，有著整潔乾淨的環境，雖然沒有太過耀眼奪目的特色，但乾淨舒服的環境卻能讓人感受到主人的用心與謹慎的生活態度，因此住家內外的整潔格外重要。

4. 起居作息正常：良好穩定的作息與適當的休息乃維持人類生理機能的關鍵，有健康的身體才能有保持良好的狀態去面對人事物。

5. 家庭倫理維繫：古今中外的社會結構幾乎都是以家庭為中心的，因此，家庭中的人倫關係，自然而然成為倫理的基礎，這種情況在華人社會尤其顯著。

6. 鄰居和睦相處：除了注重家人間的關係外，與鄰居的往來也是保持禮儀的重要環節。俗話說「遠親不如近鄰」，當我們遭遇緊急狀況時，能及時伸出援手彼此幫助的莫過於鄰居。因此與鄰居保持良好的關係不但能彼此照顧，也能多結交到好友，豐富生活。

| 重　點 | 1. 應保持敦親睦鄰的原則。 |
| 摘　要 | 2. 維持住家內外的整潔，並應隨手關門關燈、節能減碳。 |

第二節 作客寄宿

古人云：「有朋自遠方來，不亦樂乎。」由此可見，廣結朋友、禮貌待客是華人社會的傳統價值與美德，而作客寄宿時的行為也會影響友情的延續，因此如何在待客與作客之道上進行拿捏，即為本節探討解析的重點。

一、居家待客禮儀

不管是接待哪一類型的來訪者，特別是應邀而來的客人，事先都應做必要準備，包括室內、外衛生維護和場地佈置，並應避免穿著太過輕率的服裝。

（一）迎客

如果客人來自外地，可視情況專程前往迎候，並致以熱情問候和歡迎（圖4-4）。從迎訪性質的不同，可分為禮節性來訪、事務性來訪和私人來訪三種：

圖 4-4 歡迎客人

1. 禮節性來訪：時間較短，主人待客要熱情、周到，事後還要注意「禮尚往來」。
2. 事務性來訪：時間略長，主人應替客人節省時間，並盡可能地使客人滿意而去。
3. 私人來訪：通常伴有娛樂性活動和閒談等，主人待客，應盡量做到輕鬆愉快，時間一般不宜過長。

（二）待客

接客人進屋時，應主人在前，客人在後；進入客廳後，應請客人在上座就坐。基本上，男女主人需同時出面接待，讓賓客感受到主人的重視，此外，也應介紹家人給予賓客認識，才不致於讓賓客在面對不識的人時有著尷尬不知該如何稱呼與問候對方的情況，藉此也能增進賓主之間和樂的氣氛。而多數情況下，理應為賓客指出洗手間的位置，甚至也能與賓客介紹家裡環境，陪同賓客四處參觀。為使待客氣氛更為活躍，亦可適當安排一些娛樂活動。

（三）送客

掌握禮貌送客的原則。當客人起身準備離開時，主人和在場的人應相偕起身道別。而當主人送客時，一般應送至門外或樓下。此外，送客時應客人走在前面，主人在後。

二、拜訪作客禮儀

拜訪作客時應掌握時間以及力求服裝儀容的整潔，以下就基本的拜訪作客禮儀進行解析。

（一）拜訪前注意事項

1. 拜訪前，先用電話或書信與主人約好時間，切勿突然登門拜訪，造成主人不便。
2. 要準時赴約。如遇特殊情況，要事先與主人打招呼，重新約定拜訪時間。
3. 拜訪前要注意拜訪時間，盡量迴避被訪者的用餐與午休時間。

4. 儀表應整潔俐落，穿著簡單大方，以表示對主人的尊重。

5. 不要太早到，否則會讓主人措手不及，合理的抵達時間為提早 5-15 分鐘，先整理好儀容，時間快到時再進入，也應避免遲到，造成主人觀感不佳。

（二）抵達注意事項

1. 到主人門前時，要輕輕敲門或按門鈴。主人聽到敲門或電鈴聲出來後，互相問候方能進屋，不可門開即進。

2. 敲門要把握好力度和節奏，切忌使勁和用腳踢門。敲門或按門鈴後，屋內若無反應，可再敲或再按電鈴，但時間不可過長，也避免按鈴過久。

（三）入內注意事項

1. 如果主人家屋內是地毯或木板鋪地，則應向主人要求換拖鞋。換鞋時注意鞋的擺放，不要隨意放置。事先，要注意自己襪子的整潔乾淨，不要穿破損的襪子。

2. 進入屋內後，要向長者、熟人以及其他先來的客人打招呼，待主人安排座位後就座。

3. 主人端茶，要起身道謝，雙手迎接；主人提供的茶點，要等年長者和其他客人先取之後自己再取用；主人遞的水果如削了皮，應儘量吃完；茶水也不要滴水不沾，若一點也不覺口渴，應端起杯來輕輕抿上兩小口。

4. 拜訪時應避免吸菸。若是可以吸煙的場合，也應將煙灰彈在煙灰缸內。

5. 不可隨便翻弄主人家的東西。

6. 與主人交談時，要彬彬有禮。在說自己的觀點時，要留意主人的反應，不要將自己的觀點強加於人。

禮 儀 小 補 帖

到日本朋友家作客時,客人都應穿著襪子(一般襪子或隱形襪都可以),以表示對主人家空間的尊重。

(四)離開注意事項

1. 客人應視情況在適當時間離開。若主人相送,告辭前要向主人表示謝意並揮手道別;主人送出門口時,客人邁出一步後應再轉回身致謝。
2. 若主人站在門口,客人要走出幾步後或在轉彎處,回過身來告別。

(五)寄居注意事項

1. 入境隨俗,尊重當地生活習慣。
2. 保持良好住宿衛生習慣,使用浴室、廚房與臥室後應保持乾淨整潔。
3. 與宿友相處和諧。
4. 衣著不宜草率或太過暴露,應莊重整齊。
5. 保持寧靜氣氛而勿喧嘩。
6. 尊重他人隱私而不宜隨意出入他人房間,或任意翻閱他人私密文件。
7. 不應聚賭或酒色自娛而滋生事端。
8. 尊重寄宿或外宿之處的管理規範,需配合主人家的生活習性,例如起居時間。
9. 私人換洗衣物應自行清洗,勿放置在主人浴室或交給主人處理。
10. 睡前應與主人道聲晚安,起床時也應道早安。

重點摘要

1. 主人於接待客人前應做好準備,並避免穿著太過輕率的服裝。
2. 客人應尊重主人的安排,並適當表達感謝。

第三節 飯店民宿

舉凡是外出旅行或出差時，都會有機會入住飯店或民宿。從預約訂房開始的細節，都能夠顯示出個人的教養以及對於事物的掌握，因此本節將說明入住飯店、民宿時的禮儀原則。

一、旅館住宿應注意事項

（一）入住前

1. 外出旅行要提前預定飯店，尤其是在旅遊旺季時，以免陷入無房可住的窘境。
2. 訂房時應確認入住和停留的時間、入住人數、房間類型、住房人姓名和抵達飯店的大概時間：若比預定時間晚入住，也應主動聯繫飯店，以便相關作業。一般飯店每日的入住時間為下午兩點後，實際入住規定依各飯店而有所不同。
3. 旅館基本上是以房間數為計價單位。
4. 旅館有權拒絕房客攜帶寵物入住。

（二）入住時

進入大廳時，當服務人員協助搬運行李時，應酌量給予小費，再至櫃台辦理入住手續。

1. 人潮過多時，應按順序等候，不應有任性無理的態度。
2. 入住飯店應主動出示身份證或其他證件，例如駕照或護照等（圖4-5）。
3. 進房間前應瞭解緊急出口位置（圖4-6），並同時確認是否需要更多的毯子、衣架等備品，避免晚班人員過少，不易飯店安排。

4. 入住時不大聲喧嘩。

5. 雨天時,應收好雨傘,並把腳上泥沙去除乾淨後再進入飯店。

6. 需早起時可要求飯店設定免費 morning call 服務。

圖 4-5 在前台辦理入住

圖 4-6 確認安全出口

客房服務早餐

禮 儀 小 補 帖

入住飯店後,如不想被打擾,應將「請勿打擾」字卡掛在房門外手把上,如看
見住客不想被打擾,飯店會將需要轉達的訊息放在信封中,再塞進門縫裡。需
要客房清潔時,則應記得將「請勿打擾」字卡取下。

二、旅館公共區域應注意事項

（一）房間內區域

1. 注重保持清潔衛生，廢棄物要扔到垃圾桶裡，東西儘量擺放得整齊。
2. 在洗手間，避免將水弄得到處都是。
3. 如要續住多天，可告知飯店床單不必每天更換，備品也可以等用完了再換新的，較爲環保。
4. 不把現金或貴重的物品隨意放在房間桌上或床上，建議鎖在保險箱裡爲佳。
5. 有人敲門時，應確認身份後再開門。
6. 電視音量要適中，以免隔音不佳影響他房休息。

7. 在房間用餐完畢時，要用餐巾紙將碗,盤擦乾淨，放在客房外的走道上方便服務人員收拾。
8. 淋浴時，浴簾要放到浴缸裡面，並於沐浴後將落髮撿起。
9. 一次消費性備品，例如洗髮精、沐浴乳、牙刷及肥皂等可以帶走；可回收物品，例如吹風機、菸灰缸及熱水壺等則不可帶走。
10. 與朋友相聚也應該注意並有所節制，會客時間不適合過長，以不要超過23點爲佳。
11. 自行清洗衣物時，不將衣物懸掛在陽台。
12. 房間爲非吸煙房時，請勿在房內抽菸；若住在吸菸房，也應避免在床上抽煙，以免燒到床單造成危險。

禮 儀 小 補 帖

1. 隨著環保意識提升，大多數的飯店會提供環保卡，提醒客人如需更換床單時，應將環保卡放在床上。此外，浴室的毛巾如需更換時，應放置於地上或洗臉台旁，如果掛在毛巾架上，飯店會認為不需更換。

2. 沐浴時，應將浴簾放在浴缸內，以免讓水濺出；如果浴簾為雙層式，則為內層放在浴缸內。另外，有時國外的飯店客房如附有兩套馬桶，是為了供房客沖洗使用。

（二）房間以外區域

1. 大廳和走廊是飯店生活中的主要公共場合，不可表現得像在自己家中一樣，甚至穿著睡衣或浴衣隨意走動。

2. 在走廊遇到其他房客或工作人員時，可以微笑點頭致意。

3. 在公共空間中交談時要注意音量，不打擾旁人，也不可任由小孩在公共空間追逐，以免發生危險。

4. 住宿飯店時如有陌生訪客來訪，建議應約在飯店大廳，以策安全。

（三）餐廳

1. 多數餐廳早餐為西式自助餐，在夾取時要適量，勿浪費食物。
2. 在餐廳內避免大聲喧嘩（用餐注意事項可參閱第二章食的禮儀）。
3. 飯店附贈的餐券如未使用，將被視為放棄使用，不得要求飯店給予補償或退還差額。

三、離開旅館時注意事項

（一）行李準備

1. 多數飯店退房時間為中午 12 點前，要提早整理行李，才不會太過倉促。
2. 離開房間時，應在做最後的檢查，確保沒有遺留任何物品，特別是衣櫃、浴室或枕頭旁等常遺落物品的地方。
3. 除了浴室內的備品，其餘物品如毛巾、浴袍等物品不可帶走。
4. 視情況或國情慣例給予相應小費於床上。

（二）提早告知

1. 退房前可提早告知工作人員，以便他們安排作業順序。
2. 帳單要仔細比對，若有抵押信用卡或證件者記得拿回來。
3. 結帳後記得將房卡或鑰匙歸還櫃檯。

重 點 摘 要	1. 預約飯店應準時抵達，如需取消也應提前告知。 2. 住宿期間應保持房間整潔，不破壞物品。 3. 應於指定時間內按時退房。

Airbnb

知識小書籤 飯店、旅館的分類與星級制度

飯店分級標準

‖ 一星級
係指此等級旅館提供旅客基本服務及清潔、安全、衛生、簡單的住宿設施，
其應具備條件：
　1. 基本簡單的建築物外觀及空間設計。
　2. 門廳及櫃檯區僅提供基本空間及簡易設備。
　3. 設有衛浴間，並提供一般品質的衛浴設備。

‖ 二星級
係指此等級旅館提供旅客必要服務及清潔、安全、衛生、舒適的住宿設施，
其應具備條件：
　1. 建築物外觀及空間設計尚可。
　2. 門廳及櫃檯區空間舒適。
　3. 提供簡易用餐場所，且裝潢尚可。
　4. 客房內設有衛浴間，且能提供良好品質之衛浴設備。
　5. 二十四小時之櫃檯服務。

‖ 三星級
係指此等級旅館提供旅客親切舒適之服務及清潔、安全、衛生良好且舒適的
住宿設施，並設有餐廳、旅遊（商務）中心等設施，其應具備條件：
　1. 建築物外觀及空間設計良好。
　2. 門廳及櫃檯區空間寬敞、舒適，家具品質良好。
　3. 設有旅遊（商務）中心，提供影印、傳真、電腦網路等設備。

4. 設有餐廳提供早餐服務，裝潢良好。

5. 客房內提供乾濕分離及品質良好之衛浴設備。

6. 二十四小時之櫃檯服務。

四星級

係指此等級旅館提供旅客精緻貼心之服務及清潔、安全、衛生優良且舒適的住宿設施，並設有二間以上餐廳、旅遊（商務）中心、宴會廳、會議室、運動休憩及全區智慧型網路服務等設施，其應具備條件：

1. 建築物外觀及空間設計優良，並能與環境融合。

2. 門廳及櫃檯區空間寬敞舒適，裝潢及傢俱品質優良，並設有 等候空間。

3. 設有旅遊（商務）中心，提供影印、傳真、電腦網路等設備。

4. 二間以上各式高級餐廳，裝潢設備優良，其中一餐廳提供三 餐之餐飲服務。

5. 客房內裝潢、傢俱品質設計優良，設有乾濕分離之精緻衛浴 設備，空間寬敞舒適。

6. 提供全日之客務、房務服務，及適時之餐飲服務。

7. 服務人員具備外國語言能力。

8. 設有運動休憩設施。

9. 設有宴會廳及會議室。

▎五星級

係指此等級旅館提供旅客頂級豪華之服務及清潔、安全、衛生，且精緻舒適的住宿設施，並設有二間以上高級餐廳、旅遊（商務）中心、宴會廳、會議室、運動休憩及全區智慧型無線網路服務等設施，其應具備條件：

1. 建築物外觀及室、內外空間設計特優且顯現旅館特色。
2. 門廳及櫃檯區寬敞舒適，裝潢及傢俱品質特優，並設有等候及私密的談話空間。
3. 設有旅遊（商務）中心，提供商務服務，配備影印、傳真、電腦網路及智慧型無線網路等設備。
4. 設有二間以上各式高級餐廳、會議室及宴會廳，裝潢、設備品質特優，提供頂級之餐飲服務，其中一餐廳提供三餐餐飲服務。
5. 客房內裝潢、傢俱品質設計特優，設有乾濕分離之豪華衛浴設備，空間寬敞舒適。
6. 提供全日之客務、房務及客房餐飲服務。
7. 服務人員精通多種外國語言。
8. 設有運動休憩設施。
9. 設有宴會廳及會議室。

▎禮 儀 小 補 帖

由於臺灣和國外的飯店星級評鑑系統不同，基本上臺灣的五星級飯店都會設有游泳池。

知識小書籤　廁所

1. 歐洲飯店洗手間通常有馬桶及 bidet（如左圖）。bidet 中文稱坐浴桶或淨身盆，是如廁後用以清洗屁股的。

2. 在日本上廁所時，可以按旁邊水聲的音量（如右圖）。

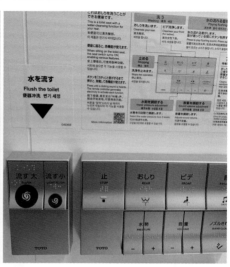

3. 美國飯店通常會附咖啡機（如左圖），歐洲飯店則是附快煮壺（如右圖）。

飯店常用英文

床鋪類型

single bed/twin bed	單人床(尺寸約39×74英寸)
full-size bed	大單人床(尺寸約54×74英寸)
queen-size bed	雙人床(尺寸約60×80英寸)
king-size bed	特大號雙人床(尺寸約76×80英寸)

房間類型

single room	單人房(通常有一個 full-size 的大床)
double room	單床雙人房(通常有一張 queen-size bed 或 double bed 的雙人床)
twin room	雙床雙人房(通常配備兩個 single bed 的獨立床鋪)
triple room	三人房
suite	套房
adjoining/connecting rooms	相連房

客房設備

amenities	便利設施
heating	暖氣設備
bathroom	浴室
internet access	上網
wireless printing	無線列印
fan	風扇
balcony	陽台
patio	露臺、庭院
smoke-free	禁煙、禁止抽煙

飯店房間內部

complimentary	贈送的
bathtub	浴缸
shower	淋浴

shower head	噴水的淋浴頭
standing shower	站立式淋浴
towel	毛巾
hand towel	手巾
bath mat	地板上的浴墊
robe	長袍
toiletries	洗浴用品(洗髮、護髮用品，肥皂、牙刷和牙膏)
hair dryer/ blow dryer	吹風機
executive desk	大辦公桌
kitchenette	小廚房
room service	客房服務
curtain	窗簾
turndown service	夜床服務
cot	嬰兒床
pull-out sofa	折疊沙發
armchair	扶手椅
bed linen	床單和枕套
iron and ironing board	熨斗和熨衣板
private jacuzzi	私人按摩浴缸
ashtray	菸灰缸
baggage rack	行李架
bedspread	床罩

飯店設施

brochure	小冊子
airport shuttle	機場巴士
continental breakfast	歐陸式早餐
catering service	外燴餐飲服務
high chair	幼兒坐的高腳椅

抵達/入住登記

deposit	保證金、定金
taking order	點餐

結帳退房

invoice	發票
damage charge	損壞費用
late charge	逾期費用
customer satisfaction	客戶滿意度
skipped bill	逃帳

參考資料

待客之道

http://study.bida.tw/liyi/geren/renjijiaowang/19376.html

作客之道

http://www.shzgh.org/renda/node4420/node5704/node5708/userobject1ai1185535.html

http://book100.com/novel/14/105751/1289.html

住飯店禮儀

http://xing.glyx.cn/knowledge/1681.shtml

小費

https://www.skyscanner.com.tw/news/international-tipping-guide

溫泉禮儀：

http://www.japanican.com.tw/content/tw/special/bunkaisan/manner/etiquette/index.aspx

星級旅館
星級旅館評鑑計畫 105 修訂版

CHAPTER **5**

行
的
禮
儀

在日常生活中,「行」的禮儀是最容易被忽略的,但不論是徒步行走(圖
5-1)、搭乘交通工具等,都有其尊卑、賓主之分別。若能熟習「行」的禮儀,
方能達到不失禮、並且在於任何場合都能夠掌握知所進退的道理。

圖 5-1 行走

學習目標

1. 學習在行走時正確的尊卑、賓主之分別

2. 了解在乘車時應該具備的禮儀與知識

3. 了解禮讓在不同場合的分別

4. 學習搭乘飛機時正確的禮儀常識

第一節 行走禮儀

當一個人在行走時，其行走方式能夠表現出是否有自信，並且在洽公時，正確的行走禮儀可以讓旁人留下良好的印象。

一、行走的禮儀原則

基本上來說，應需熟記「前尊、後卑、右大、左小」是行走時的基本禮儀原則。

（一）個人行走

1. 走路應抬頭挺胸，並隨時注意路況（圖 5-2）。
2. 室內外行進時應靠邊行走。
3. 走路時不適宜「邊走邊吃」（圖 5-3）。
4. 遇到認識的人，應視情況主動打招呼。
5. 若走路時趕時間想超前，應說聲「對不起，借過」，並從側面繞行。
6. 遇到老弱婦孺要禮讓及適時提供協助（圖 5-4）。

圖 5-2 走路抬頭挺胸　　圖 5-3 走路時不適宜　　圖 5-4 協助老弱婦孺
　　　　　　　　　　　　　「邊走邊吃」

（二）多人行走

1. 若多人行走，最前面者最大，再依「右尊左卑」的原則依序排列，最後者爲最卑。

2. 三人同行時，若皆爲同性別，則以中間爲尊，右邊次之，左邊最卑。

3. 二人同行時，右方爲尊，左方爲卑，若是與長輩或上司同行，晚輩或部屬應居於左後方；若是擔任引導或接待人員，則引導員應在左前方，賓客則在右後方。

4. 若男女同行，一般是以尊重女士爲原則，男左女右，但若走在馬路上，就以安全性爲考量，男士應走外側保護女士。

5. 在三人同行時，若成員爲兩女一男，男士應靠外側行在，兩位女士在依序排列在中間及另一側；若是一女兩男，則女士居尊位在中，兩位男士再依序行走於兩側。

6. 引導貴賓且共同行走時，引導者應走在貴賓左後方約半步距離。

禮 儀 小 補 帖

不論是行走時或上下樓梯時，越安全的位置會保留給女士及年長者。例如男女同時下樓梯時，應由男士先行、女士殿後；上樓梯時則由女士先行、男士殿後。

| 重　點
摘　要 | 1. 以右爲尊、考慮安全，女士優先。
2. 以前爲尊、以後爲卑。 |

第二節 電梯禮儀

乘坐電梯（圖 5-5）除了存在著安全
問題需要我們注意，禮儀問題其實也
是要注意的，尤其在進入職場以後，
如何能夠贏得好人緣並且不失禮節，
即是本節探討的重點。

圖 5-5 搭乘電梯

一、搭乘電梯的禮儀原則

原則來說，使用電梯應遵循先下後上的原則。等電梯時，應站在電梯門兩
側，不要堵住門口。

（一）電梯行進中

1. 進入電梯時應走到盡頭角落處，不要怕按不到所欲到達的樓層鍵，只要
   輕聲請別人幫忙便可以。
2. 如果有很多人，一定要少說話，因為裡面的每個人都在聽你說話，話題
   太「公」不好，太「私」也不好，而且大家之間的距離非常近，說話、
   舉止都得注意。

（二）出電梯時

1. 一面擋著電梯門（或按一下開門鍵），一面不出電梯門，騰出空間讓後
   面的人走出來，然後再走回原位。如果這個時候電梯擠滿了人，那麼是
   沒有「女士優先」的，無論性別，離門口近的人都要先出電梯。

（三）在電梯中遇到上司時

1. 如果想要跟上司談話，也需要看上司當時的狀況，如果正在思考或心情不好等，就不要去打擾。
2. 可跟上司作普通的問候，也可聊聊最近的天氣，上司的氣色，或者著裝。
3. 有上司在場不要假裝看手中的手機或文件。

（四）進入電梯的次序

1. 陪同客人或長輩來到電梯門前後，先按電梯按鈕。待電梯到達時，若客人不止一人，自己可先行進入電梯，一手按住「開門」按鈕，另一手攔住電梯側門，禮貌地說「請進」，請客人或長輩進入電梯。
2. 如果和自己的上司一同乘用電梯，應先按電梯按鈕，請上司先行進入。

（五）在電梯內的站次位次

1. 電梯中也有上座、下座之分，視按鈕在門的一側或是兩側而有不同。
2. 如果長輩或上級先進電梯，該位置就是上座，下座是離上級最遠的位置。如果長輩後來才上電梯，就讓出上座位置。

（六）其它搭乘電梯注意事項

1. 進入電梯前請先滅掉手中的香煙，在電梯內一定不要吸煙。
2. 由於電梯空間狹小，在電梯內不要有大幅度的動作。
3. 在電梯內跟別人對話不要緊盯對方的眼睛，可適當下移目光，以嘴巴和頸部為宜。
4. 不要距離上司太近。

5. 無論你是男士還是女士，在電梯內撩頭髮、拋包包等行為都會使別人產生厭煩。

6. 在電梯內不要到處亂看，也不能盯著一個地方一直看，應該放鬆心情，越自然越好，也可以有一些小動作，但不能過多。

重點摘要

1. 應遵循先下後上的原則。

2. 等電梯時，應站在電梯門兩側，不要堵住門口。如果站的位置離樓層按鈕較遠，可以輕聲請他人幫忙。

第三節 乘車禮儀

工作生活中各方面都有禮儀，不管是屬於商務行程或是應酬，都有非常多的機會和上司或客人共乘一輛車。也正因為乘車禮儀細節繁複，會依隨著乘坐人的不同而有所變化，如果坐錯了位置，便很有可能會在無意之中失禮，造成他人對自己的觀感打折扣。

一、乘車時的禮儀原則

駕駛盤在左的話，司機開車以後座右側為首位；駕駛盤在右的話，司機開車以後座左側為首位，主人開車則皆以前座為首位。

（一）司機駕駛車輛

1. 一般轎車：最常見有司機的情況就是搭乘計程車，而坐位主次方面，駕駛右後方為首位，其次是駕駛正後方，後坐中間則排第三，副駕駛才是最小咖的位置，因為要負責跟司機溝通，甚至到達目的地還要幫後坐開門（圖 5-6）。

圖 5-6 一般轎車

2. 七人座車款：現今 SUV 或 MPV 車款越來越流行，而在 7 人座的情形下，第二排僅會坐 2 人，其中駕駛右後方仍是首位，正後方排第 2，第三排的主次順序則比照轎車情況，同樣副駕駛仍是輩分最小的坐（圖 5-7）。

圖 5-7 七人座車款

3. 以九人座小巴接送客人時，以司機後面一排之最右座爲尊；搭乘大巴時，則以司機右後方第一排靠窗座位爲尊。

4. 特殊情況：不管職位高低，一定維持女士優先原則，除非駕駛是女性的男伴，不然女性不會坐在副駕駛座，而是由女性除外、輩份最小的坐副駕駛。

（二）主人駕駛車輛

1. 一般情況：不管是朋友、長輩或是長官開車，坐位的主次就與司機開車時大不相同，副駕駛座變成首位，後座順序則爲右側、左側、中間，若是全部都擠在後座，駕駛者就猶如司機，是相當不禮貌的行爲（圖5-8）。

圖 5-8 主人駕駛車輛座位

2. 特別情況：

（1）由主人親自駕駛，以駕駛座右側爲首位，後排右側次之，左側再次之，而後排中間座爲末席，前排中間座則不宜再安排客人。

（2）主人親自駕車，坐客只有一人，應坐在主人旁邊。若同坐多人，中途坐前座的客人下車後，在後面坐的客人應改坐前座，此項禮節最易疏忽。

（3）主人夫婦駕車時，則主人夫婦坐前座，客人夫婦坐後座，男士要服務於自己的夫人，宜開車門讓夫人先上車，然後自己再上車。

（4）如果主人夫婦搭載友人夫婦的車，則應邀友人坐前座，友人之婦坐後座，或讓友人夫婦都坐前座。

（5）女士登車不要先將腳踏入車內，也不要爬進車裏。需先站在座位邊上，把身體降低，讓臀部坐到位子上，再將雙腿一起收進車裏，雙膝一定保持併攏的姿勢。

禮 儀 小 補 帖

當親友開車時，以右邊的位子為尊。

知識小書籤 左駕右駕國家大公開

汽車剛被發明的時候，最初的方向盤設計其實在中間，而後來所演變出的左右兩駕方式，和英、法兩國大有關係。

在汽車發明以前，舊時代的人們將馬當作主要交通工具。而通常騎馬時會出左腳先上馬蹬，右腳再跨馬背，這也導致上馬方向通常會在道路的左邊。而中古時期的歐洲名門貴族都是騎馬靠左，受壓迫的平民階級只能靠右，這樣的現象到歐洲大革命爆發後才有了改變：名門貴族為了自保求生，也只好加入靠右的行列。西元 1794 年的巴黎，正式明令人民靠右行，並進一步把這種習慣帶到後來殖民統治的地方。因此受英國殖民統治過的國家或地區為左行（右駕），被法國影響的則是右行（左駕）。

除了日本、泰國、印尼、東帝汶、尼泊爾等國家，當今靠左行駛的國家或地區，過去都是英國的殖民地，並在脫離英國或獨立後始終維持靠左行駛。

目前全世界左駕國家佔三分之二，右駕國家則佔三分之一，分佈情況如下圖：

圖 5-9　紅色左駕、藍色右駕

重　點
摘　要

1. 駕駛盤在左的話，司機開車以後座右側為首位、主人開車以前座為首位。
2. 駕駛盤在右的話，司機開車以後座左側為首位、主人開車以前座為首位。

第四節 大眾交通工具禮儀

隨著生活方式的輕便化，現代人往往會選擇搭乘大眾交通工具，因此如何在搭乘大眾運輸系統時不造成他人困擾，也成為國際禮儀當中最具日常生活化的部分。

一、公車

搭乘公車時，應在公車指定停靠處舉手招車再上車，切勿追趕公車，以免發生危險。下車前，應提前按鈴提醒司機停車，勿於公車仍在行駛中起身作勢要下車。

1. 上、下車確實刷卡或投幣。
2. 欲下車時，應提前按下車鈴提醒司機停車，並勿於公車仍在行駛中起身作勢要下車，以免發生危險。
3. 依序上、下車，並禮讓老弱婦孺。
4. 車廂內勿大聲喧嘩、推擠嬉戲或站立在車門邊。
5. 如有通電話的需要，應降低音量，以免干擾其他乘客。
6. 部分公車禁止於車廂中飲食，如未明訂禁止飲食，也應保持車廂整潔，隨手把垃圾帶下車。

二、火車、捷運、高鐵

進、出火車站、捷運站及高鐵站皆應確實刷卡或投單程票卡。與長官或多人同行時，火車與高鐵的靠窗座位較靠走道座位為大、以順向為尊；捷運則以「右大左小」為原則。

1. 依序上、下車，並禮讓老弱婦孺。

2. 車廂內勿大聲喧嘩、推擠嬉戲或站立在車門邊。

3. 如有通電話的需要，應降低音量，以免干擾其他乘客。

4. 捷運車廂禁止飲食（圖 5-10）。

圖 5-10 捷運車廂禁止飲食

5. 保持車廂整潔，隨手把個人物品帶下車。

6. 火車與高鐵的座位尊卑，靠窗座位較靠走道座位為大，並以順向為尊；
   捷運部分，雖較無座次問題，但仍以「右大左小」為基本原則（圖 5-11、
   5-12）。

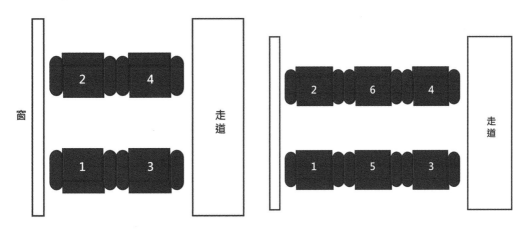

圖 5-11 火車 4 人座之座次　　　　　圖 5-12 火車 6 人座之座次

第五節　飛機禮儀

地球村的概念來自於空中交通的革
新，現代人搭飛機到各國進行旅遊
和出差已成為常態，因此，本節將
由預訂機票開始解析飛機禮儀。

除了應事先訂好機位，確認日期與
時間，並在預定起飛時間前 2 小時
至機場辦理登機手續與托運行李，
也應於登機證上記載時間準時或提

圖 5-13 辦理登機手續

前至登機門等待。飛機上因艙等不同會有相應的服務內容，搭乘經濟艙時
不應過度苛求。大部分航空公司禁止於機艙內吸菸，旅客應加以配合。隨
身行李應盡量放置於座位上方置物櫃或腳下空間，並請勿占滿所有置物空
間，以免造成他人困擾。此外，盡量避免於飛行途中打開置物櫃，以免遇
到氣流不穩定時造成行李掉落的狀況。

飛行期間應繫好安全帶，並對於機上提供的酒水飲料應有節制，以免頻頻想上廁所造成鄰座乘客困擾。因機艙屬密閉空間，切勿噴灑過分濃郁的香水，以免冒犯他人。承上，應避免在飛行期間脫下鞋子或襪子；搭乘長程國際線時，爲避免腳部水腫，航空公司會附上專門拖鞋或襪子，如有提供也應盡快換上。如要放下椅背，應慢慢調整，並請勿過度低放，以免影響後座旅客。乘坐靠窗座位時，如爲白天時間，應將窗遮拉下，以免影響他人休息。

飛行期間，由於有些人是第一次出國，感到興奮的同時，也可能想和鄰座的人分享；不過你如果不想和對方說話時，可以透過閱讀雜誌、報紙或書籍、做你的事情，甚至是戴上耳機（就算沒有實際撥放音樂）放鬆心情、好好休息，爲即將來臨的旅程做好準備。下飛機時，應互相禮讓，切勿推擠造成受傷；並且，機艙內提供的毛毯與抱枕不應隨手帶走。

禮 儀 小 補 帖
搭乘深夜航班時，如坐在靠窗座位，可在登機時先將窗遮拉下。

航空自動報到櫃檯及荷蘭航空組員

北歐風格機場

飛機餐點（經濟艙）

1. 飛機餐點（商務艙）

2. 廉價航空的酒精飲料需自行付費

CHAPTER 6

育的禮儀

禮儀除了為生活提供更高的精神品質外，在對於人與人之間，工作的專業度上也扮演重要的角色。在工作上，除了擁有專業的技能與良好的組織力，其與團隊之間的配合及他人互動態度舉止，都會成為影響他人評斷工作專業度的依據（圖 6-1）。

圖 6-1 育的禮儀

學習目標

1. 了解正確的社交禮儀
2. 學習說話的藝術
3. 理解正確的商務諮詢禮儀
4. 具備正確的書信及郵件寫作知識

第一節 社交禮儀

與人互動良好，能營造一種正面的印象。無論在職場抑或私下朋友聚會，在與人接觸的第一面、展露樂意為他人著想的一面，令人如沐春風的舒服談吐，都是社交禮儀最重要的目標。

一、見面禮儀

無論是正式或非正式商業、社交場合，在與人第一次見面時，抑或介紹新朋友、商業合作對象時，打招呼不外乎成為與他人第一次接觸的第一印象動作。因此，見面禮儀中應特別注意與他人的目光接觸、肢體語言以及適當的握手方式，這些都有助於給對方留下良好的印象。

（一）起身打招呼

與人第一次見面時，抑或介紹新朋友、商業夥伴時，打招呼是與他人首次接觸時的第一印象。此外，更因現今職場中的男女地位平等，不主動起身打招呼容易被解釋成高傲自大，而非位高權重（圖 6-2）。

圖 6-2 起身打招呼

在比較大型的場合，只有位子較近的人打招呼，倘若是餐廳座位擁擠又或場合人群過多，也應至少傾身向前或做勢站起示意一下，以表有注意到訪客，才不失禮。若不便起身時，應向被打招呼人表達歉意，如：「很高興見到你。抱歉這裡有點擁擠，我不太方便站起來。」

當訪客或主管來到你的辦公區域時，應起身走到辦公桌旁，對方離去亦是如此，此舉意味著來訪的人得到你百分之百的注意與尊重。倘若是同事抑或經常來訪的主管、客人則不必如此。

（二）目光接觸

人與人的初次見面，目光接觸成為日後與他人際關係發展的重要因素，這是因為目光接觸可以傳達一種誠懇與自信。目光接觸時，可以將視線放於對方鼻子上方、兩眼中間位置（圖6-3）。

圖 6-3 目光接觸

（三）肢體語言

肢體語言（圖6-4）有助於塑造專業、自信的形象，展現情緒與自信的程度；但也應避免下列行為：

1. 手插口袋：給人不耐煩，或者焦躁的感覺。
2. 手腳晃動：身體重心轉移，做出前後擺動，或是手腳摸東摸西，這會讓人顯得緊張兮兮，也容易讓人分心。
3. 雙手交叉抱於胸前：意味拒絕或防衛他人。

圖 6-4 肢體語言

（四）給人好印象的握手方式

握手是與人建立關係的一種肢體語言。在第一印象中，除了眼神接觸，握手成了建立良好第一印象的媒介（圖6-5）。

圖 6-5 握手

1. 如何握手

（1）握手時手指頭不能軟弱無力，除了大拇指外，其餘四指併攏，自己的掌心與對方掌心貼合。而在社交場合中，應讓雙手自然下垂兩側，右手空出來，以備隨時準備與他人握手之需。

（2）以左手端飲料，避免以濕涼的手與他人握手（圖6-6）。

（3）握手時，要目視對方的眼睛，含笑以對。戴有手套者應先脫下手套（圖6-7）。

（4）握手時，無須一邊鞠躬一邊握手（圖6-8）。

（5）握手時，應注意以三下為度。

圖 6-6 避免以濕涼的手與
他人握手

圖 6-7 戴有手套者應先脫下手套

圖 6-8 無須一邊鞠躬一邊握手

2. 握手的次序

（1）男士與初次介紹認識的女士通常不行握手禮，僅微笑點頭即可。

（2）男士對女士不可先行伸手請握，須由女士先伸手，再與之相握，惟
男士年長或地位崇高者，不在此限。

（3）女士彼此相見，應由年長或已婚者，先伸手相握。

（4）主人對客人有先伸手相握的義務。於長官或長者，不可先伸手請握。

（五）介紹時用的稱謂

1. 對男士一般通稱先生（Mr.），已婚女士通稱夫人或太太（Mrs.），未婚
女士通稱小姐（Miss），而不論結婚與否，女士均可稱 Ms.。

2. 依我國慣例,稱呼總統、副總統、院長、部長時通常直稱其官銜而不加
姓氏，西洋則對這類官員稱呼閣下（Your Excellency）。

3. 對國王、女王稱呼陛下（Your Majesty）。對上將、中將及少將一律稱
呼將軍（General），對上校、中校均稱呼 Colonel。對大使可稱呼 Your
Excellency 或 Mr. Ambassador（女性為 Mme. Ambassador）。

4. 對公使尊稱 Mr. Minister（女性為 Mme. Minister）。

註：西洋在提及國王及女王時,分別使用 His Majesty 及 Her Majesty；提及
總統、副總統、總理、部長、大使等官員時，也按性別分別使用 His
Excellency 及 Her Excellency。

（六）需作自我介紹的場合

1. 女主人與來賓不認識時，來賓可先作自我介紹。
2. 在正式晚宴當男士不知隔鄰女士芳名時，男士須先作自我介紹。
3. 在酒會或茶會遇陌生賓客時，可互報姓名自我介紹。
4. 介紹時應將位低者介紹與位高者。

註：歐美地區，見面或告別時除採握手禮之外，友人間常用擁抱禮，惟原則上男士不可主動擁抱女士，須待女士主動表示後才回應。

（七）手機使用

1. 開車時請勿使用手機。
2. 參加音樂會或出席會議，應關機或採用震動模式，以免妨礙會場安寧（圖6-9）。
3. 用餐時不宜在餐桌上使用手機，應至大廳或餐廳外談話。
4. 公共場所使用手機應壓低音量並長話短說。

圖 6-9 手機關機或採震動模式

（八）社交軟體使用

在過去，人們大多透過主流媒體，如報章雜誌、電視或廣播等來得到地方與國際資訊。而在今日網路科技的世代，新興媒體不斷出現，如 Instagram、臉書（facebook）、推特（Twitter）等，不僅成了新興的行銷工具，也提供我們與親朋好友保持聯繫、資訊傳遞的一個重要平台。然而在這個資訊以及言論透明公開共享的時代，也充斥著許多假新聞與假資訊在這個平台中。一有大事件發生，無論地方國際，人們都可立即得到訊息。然而在瘋狂轉傳、發表言論看法的同時，也很容易造成誤解與謠言。因此，在社交軟體使用上更應注意禮節規範，除了讓社交平台中更有秩序以外，也保護自己不受輿論或違背法律規範。

使用社交軟體時應注意：

1. 不對任何貼文以及言論發表惡評或做人身攻擊，貼文言論也屬個人言論一種，可作為法律法判依據，就算將個人社交網站設為私人未公開，依然具有法律效益。
2. 轉寄他人言論或資訊前，應查明資訊內容是否可公開又或者正確，避免淪為謠言的散播者。

重　點
摘　要

1. 與人交談時應適時進行目光接觸並可輔以肢體語言。
2. 握手時，不應超過三下。
3. 在正式晚宴當男士不知隔鄰女士芳名時，男士應先作自我介紹。
4. 介紹時應將位低者介紹與位高者。

二、說話的藝術

說話的藝術是在當今社交活動行為中非常重要的一環,適時的傾聽他人、掌握正確的話題、讚美他人、委婉的意見陳述等等都將形塑出個人的氣度與修養,讓他人感到談話自在的同時,也為自己打開成功社交的任督二脈。

(一)交談的原則

1. 傾聽與學習:最好的談話技巧就是先學會「傾聽」,而不是口若懸河,說個不停。不要一切都是從自己的觀點出發,試著從別人的角度來看問題,將會有意想不到的收穫,嘗試從別人身上學習優點,不要一味地想讓別人知道你有多少學問,你的交談技巧將會更成熟,人際關係也會更圓融。

2. 主動與主題:對於他人的關心應該要主動積極,特別是對於木訥寡言的人,如果再一味地傾聽,那就沒戲唱了,這時候應該採取主動的精神與對方交談,並且掌握對方切身相關的主題為宜,侃侃而談,通常都能相當順利地達成溝通的目的。

3. 恭維與讚美:適度的恭維與讚美他人,是獲得別人好感的不二法門,知道讓對方留下良好印象的道理,即是讓對方知道,你對他的印象很好。

至於答覆讚美的禮貌中外國情不同,中國人多會客氣地否定別人對自己的讚美或是肯定。如果是外國人對你工作表現的結果表示肯定時,可以不急於否定自己,很簡單地說謝謝,或是多蒙你的誇獎等,是十分貼切的回答。

4. 委婉陳述意見：在跟他人交談時，最忌諱打斷別人的談話內容，尤其是有不同意見的時候。如果彼此意見不合，應該等對方陳述完自己的觀點以後，再用委婉的態度，說明自己的立場。對於理念的表達與陳述，應預留轉圜的餘地，切勿將情境弄僵，或是完全堅持己見。

5. 避免重複內容：交談內容不要一成不變，或是再三重複，尤其是自己的定見，或是個人過去的所謂豐功偉績，將會使交談的對方感到厭惡。常言道：若三日不讀書，便覺言語無味、面目可憎。因此良好的閱讀習慣，是充實談話內涵的不二法門。當然，經常旅行或是豐富的經歷也有關係，最重要的是一顆充滿期待的好奇心，這些都是豐富個人生活內容的好方法。

6. 機智與幽默：機智與幽默是交談當中最好的潤滑劑，同時也是營造輕鬆氣氛的完美催化劑，因此機智與幽默是非常必要而可貴的。但是幽默感最忌諱開別人玩笑，因消遣別人當樂趣就是屬於嘲弄，而不是幽默。最高段的幽默是幽自己一默，不但無損於自己的人格，而且更增進彼此的融洽氣氛。

7. 合宜的態度：交談時的聲調要適中，態度要謙和，說話速度要不急不緩，咬字清楚而神情自若，是最完美的交談態度。但是也不能卑躬曲膝、唯唯諾諾、沒有原則、隨便附和或答應自己能力做不到的事情，過與不及都不適合。交談時也不可高聲談笑喧嘩，左顧右盼，或是猛打哈欠。也不可以打噴嚏、伸懶腰，最不可原諒的是一再看錶，表現出不耐煩的神情，都是不當的談話態度。

8. 絕不可以插嘴：即便是對方的談話內容索然無味，話柄又拖的很長，打斷別人的說話，都是件十分粗魯的行為，應該可以利用時機轉變話題，造成雙贏的局面，才可以脫困。

9. 使用共通的語言：在一群人當中，如果有兩三個人以上，使用大部分的人都聽不懂的語言交談，是十分不禮貌的舉止。如果有不得不然的時候，應先對周遭的人表示歉意，才使用該語言，時間及次數都應要減少。

（二）應避免的談話內容

1. 爭議性的話題：像是種族、政治、宗教、墮胎、省籍、核能、多元成家、環保與經濟發展等，這些議題目前都具有強烈的爭議性，不容易有結論及交集，很容易造成對立，故不是很理想的話題。尤其是在餐飲宴會上提到，更屬不智，大大影響用餐的氣氛。

2. 他人的隱私：例如他人的婚姻狀況、親密的私人關係、性的問題等，都不是好話題。年齡的問題，尤其是有關女人的年齡，也是很不得體的話題，最好避而不談。不論中外，有關女人的年齡永遠都是他人最禁忌的話題。

3. 他人健康的話題：有關他人身體的殘障、缺陷、美醜等，還有某些令人不愉快的疾病之詳細情形，均不是交談的好話題。自己的健康狀況也不是好話題，如果有人提及你的健康時，可以回答很好或是還不錯等，他人對你生了一場大病的詳情，並不會特別感到興趣，只有使他感到不耐煩而已。

4. 與金錢有關的話題：金錢或者財富的多寡，都屬個人的私事，最好也能夠不談，例如他人的薪水、收入的多寡，或者所有禮物的價值、金飾項鍊或鑽戒的價值，房貸、借貸的額度等，都不是貼切的話題。非但不該質詢對方，對第三者的金錢話題也要盡量避免。

5. 謠言與流言：即便是發生在別人週遭的謠言或是流言，都應止於智者，沒有眞實證據的言論，常常都屬臆測之詞，也常常就是錯誤的資訊。所謂論人是非者即是是非人。而且這些蜚短流長，也經常會對當事人造成無法彌補的傷害。

6. 個人家庭的問題：孩子是父母生活的重心，大家都很喜歡談論自己的小孩；有時候會得意忘形，口沫橫飛而不能自制。這種忘情的狀況，經常令人生厭，最好是適可而止。自己親人傑出或優良的表現也是同樣情形，均應知所節制。

（三）說話的聲調

1. 正確清晰的發音

正確清晰的發音是談話禮貌的先決條件，要能達成這項要求，應避免以下說話方式：

（1）高頻的聲音說話：高頻率而尖銳的聲音，使聽話的人感覺不舒服，且煩躁，應避免過度使用聲帶發音製造尖銳聲音。

（2）鼻音共鳴：這是不正確的發聲法所造成的結果，也就是出聲時，發聲的氣流有部分從鼻腔出來所致。

（3）粗啞聲音說話：說話時除了要用聲帶的震動發出聲音，也要適當調整呼吸，且運用丹田之氣發出聲音，才不致喊破嗓子形成粗啞的聲音。

2. 富變化的聲調

（1）語調不一成不變：最令昏昏欲睡的語調，就是音頻一致、起伏單一頻率之音調。說話在強調重點時，應提高音調，講到低沉時，也要降低語調。將說話的感情，透過抑、揚、頓、挫而表達出來，才是好的說話語調。

（2）語音應連貫：不同於結結巴巴的說話特徵，流暢的說話藝術，除非是要強調某件事、某句話或某個動作，否則不要用字與字分離發音的方式來說話，才能悅耳滑順，語氣不會中斷。

（3）說話的速度：說話的速度其關鍵處就在於「配合對方」，讓彼此可以在舒服的對話方式中，針對對話的主題加以著墨。如果是對大多數人的演講，那字句間速度應放慢，並強調重點以使大家都聽得清楚。但專業演講和公司的會議會有時間的限制，因此速度又不宜太慢，應在規定的時間內完成議程。

（四）高明的談話技巧

1. 善用比喻舉例說明：在陳述意見的時候或是形容某樣人、事、物時，能夠適時地引用比喻來說明，是一種比較具體的說明方式，不但可以拉近彼此之間的距離，而且也很容易就表達出自己想要陳述的意見何在。在引用比喻時，應依對方所熟悉的知識、經驗或彼此雙方都了解的比喻來解釋，更能引起雙方的共鳴，才不致曲高和寡，不知所云。

2. 發自內心的讚美：前面談及說話的原則時，有所謂恭維與讚美，如果能夠在談話時，讓對方具體感受到你的讚美與誇獎，必能使對方感到榮耀和光彩，進而增進彼此間的人際關係。但要不使這些稱讚的言辭產生反效果，只有發自內心眞誠的讚美，才能確實反映出你的恭維和讚美並不是一種諷刺。因此事前對對方有充分的了解和認知，更顯得重要，才不致言過其實，過分誇大而遭致反效果。

3. 積極的傾聽：前面也有談及傾聽對方的談話，可說是彼此交談的一項基本原則，更進一步而言，必須要有更積極的傾聽技巧。所謂「積極」的意義，就是要從傾聽當中，去發掘對方的談話主旨何在？例如下面幾種類型。

（1）追求型：談話當中有希望得資訊的企圖，會出現許多問句，像「為什麼」、「什麼時候」、「哪裡」？等。

（2）主題型：談話之中句句切中要領，反覆歸納其主旨。

（3）中立型：談話內容不帶批判色彩，希望與話題延續，沒有主觀意見。

當然還可分出更多類型，以上舉例是要說明，積極的傾聽，就是積極的溝通，亦即完美談話的先決條件。

4. 引經據典支持己見：要使自己的談話內容不致流於陳腐空洞，就要多讀書以充實內涵，其具體的運用可以分成二個層次來說明：

（1）最初級：應多使用華麗的文藻或大家經常聽得懂的成語或寓言故事等，不但豐富自己語彙，也給對方良好印象。

（2）進階級：引用知名人士所說過的或支持的觀點、語句或名言。

5. 預留討論空間：在交談的過程當中，難免會有不同主張和意見，誠屬自由社會正常的現象，應以民主的精神來看待，最忌諱凡事堅持己見，容納不下別人的半絲異議。因此在陳述己見時，應預留不同見解的申訴空間，使彼此都有轉圜餘地，不致使交談成為辯論或者個人的演講。

重　點 摘　要	1. 交談時應做好傾聽與學習，並適度給予對方恭維與讚美。 2. 避免於交談時談及他人隱私及爭議性話題。

三、拜訪的禮儀

依性質來歸納拜訪的種類，可分為官方拜訪、公務拜訪、商務拜訪、友誼拜訪、禮貌拜訪、慰問拜訪以及辭別拜訪等等（圖6-10）。在拜訪時間上，應做好事先規劃與通知，有事可能耽誤行程時也應該即時通知對方，說明原因後再另行約定時間。

圖 6-10 拜訪

（一）拜訪的種類

1. 官方拜訪：兩國邦交所衍生的各式官方層級的拜訪，例如大使到任後呈遞到任國書，大使館官員拜會駐在國的外交部官員，兩國各級行政、立法、司法等政府官員的拜會活動。

2. 公務拜訪：公職人員基於業務的責任，所作的正式拜訪，在界定上是屬於一國政府內各個職權與民間的公務往來拜訪。

3. 商務拜訪：工商界等私人機構與客戶之間，相互往來的商業經濟活動之洽談。

4. 友誼拜訪：親戚朋友及同學同事之間，聯絡感情、增進情誼的訪問等。

5. 禮貌拜訪：新人初到新職位，應向有關人員作禮貌性的拜會，俗話叫「拜碼頭」；喬遷新居後拜訪左右鄰居，也是禮貌性拜訪。

6. 慰問拜訪：像親戚生病、受傷，與遇到同事轉調他職，或是朋友家遇有喪事等，均應前往慰問，以示關心之忱。

7. 辭別拜訪：交卸職務時，應向有關機關及主管同事等辭別，出國留學、遊學時、或者出遠門旅行前，應向至親好友辭行，都是這類拜訪的性質。

（二）拜訪應注意事項

1. 任何性質的拜訪活動，都應該注意服儀打扮。
2. 官方、公務、商務拜訪活動，應先擬妥談話的主要內容，並備好相關的文件資料，可以節省彼此寶貴的時間。
3. 拜訪前如果能對被拜訪者的背景資料有些認識，對於促進彼此了解及增進友誼，必定有很大幫助。
4. 主人如果臨時有要務，即應告退，不宜久留。可以改期再約。
5. 友誼、禮貌、慰問及辭別性的拜訪，理應做適當的禮物餽贈，以示心意。
6. 官方性質的拜訪，也可以國家的名義進行餽贈，公務的餽贈禁忌較多，商務餽贈，則應視情況而決定。

（三）拜訪時間的掌握

1. 任何性質的拜訪，都應預先約好時間才有禮貌，絕不做不速之客。若屬於官方、公務及商務性質的拜訪，最好能預先通知，在三天前通知最為適切。若是大型官方交流，則應選定日期通知，並知會整個會晤流程。此外在赴約以前的三到五小時，打電話再確認一次，才不致白跑一趟。
2. 官方、公務及商務拜訪都不適合選在週末及例假日，但相反的，友誼、禮貌、慰問及辭別拜訪，就以放假時間或休息時段適合。
3. 預約時間拜訪應先了解交通狀況，再提早出發。謹記千萬不可遲到，以及不讓對方久候。
4. 預約拜訪卻有事耽擱不克赴約時，也應盡快以電話聯絡告知對方，說明原委並另外約定時間。
5. 拜會的時間會因為業務的性質而有所差異，但是仍需掌握彼此的時間，不做無謂的逗留。

（四）回訪的禮儀與注意事項

1. 受人拜訪之後決定要回訪，也應把握時效，時過境遷，回訪的感覺即已消失殆盡。
2. 長輩對晚輩，女性對男仕，位高者對位低者，可以不回訪，只要寄送名片、卡片致謝即可。
3. 為敦親睦鄰起見，新居主人來訪，理應擇期回訪，以表心意。
4. 慰問拜訪回訪，如果是病患已經痊癒，當然以親自回訪為宜；若屬痼疾或重症者，則可委託直系親屬的晚輩代為回拜。
5. 回訪的時間，還是應該事先預約比較妥當。
6. 回訪的時候，也應該做適當的禮貌「餽贈」，以便能夠禮尚往來，建立更進一步的情感。

（五）送禮技巧

在送禮的禮儀上（圖 6-11），由於收禮對象、文化與國情的不同，禮物的選擇也會有所差異。不過，為了拓展人際關係和加速商務的來往，就應該更加妥善考慮如何選擇禮物。

圖 6-11 送禮

1. 送禮的性質

（1）正式性質：指國與國間往來時，爲表示外交邦誼，所採取的公開禮物贈與儀式。

（2）一般性質：一般禮尚往來之送禮行爲。

2. 送禮禮品的種類

　　禮物種類繁多，但仍應按照其性質略作區分，以示尊重對方。

（1）正式性質：應以能夠代表臺灣特有文化、藝術或代表性的禮物。

（2）一般性質：以投其所好爲原則；如果不熟悉對方的喜好，則應選擇具有實用性、紀念性或能彰顯個人成就的禮物爲佳。

（3）特殊性質：以異性間的送禮爲主。例如情人節時，情侶或夫妻之間的禮物選擇；若是朋友創業慶祝，選擇象徵招財進寶的盆栽會較爲合適。

3. 送禮的注意事項

　　應以攜帶方便的禮物爲首選。事先應了解在自己所在國家或地區的習俗、慣例以及適合給予或打開禮物的時機（例如：會面的開始 / 結束，或是晚餐時間）；不過，無論在哪個國家，禮物都應該精美包裝。

選擇對收件人有意義的禮物會比奢侈品更爲合適。千萬不可贈予超過對方曾經送過你的禮物的價值，以免讓對方有比較的嫌疑。此外，由於收下禮物後需要帶回家，因此禮物的選擇不宜過大且避免易碎品。

由於特定物品和顏色在各國文化習俗中有根深蒂固的形象，因此在贈送禮物之前，應該確認該品項是否存在有任何特殊禁忌或是隱含的意義。以下列出一些禮物選擇方向，也許它不一定符合每個人的需求，但它可以讓你開始思考什麼是合適的，甚是說是避免不恰當的：

可能是好的禮物選擇

（1）自己國家的當地手工藝品；（2）書籍；（3）食品，特別是知名土產；（4）企業禮品，例如鋼筆、馬克杯、鑰匙圈或輕巧的品項；（5）個性化禮品；（6）與自己國家或地區有明確連結的品項以及（7）鋼筆等文具組合。

肯定是不好的選擇

（1）華語圈禁止贈送時鐘；（2）不贈予拉丁美洲國家的友人刀具，因為這是「切斷」關係的象徵；（3）不可致贈中東友人手帕（象徵眼淚和別離）；（4）由於古蘭經禁止飲酒，故不可餽贈穆斯林酒類以及（5）香水或服飾，因為它們有可能傳遞過多複雜的含意。

整體來說，收受禮品時，應該掌握以下重點

（1）收受禮物：西方人在接受別人的禮物後，都會當面拆開，並予讚美和致謝。

（2）適當回贈：應適時、適量地予以回贈，以表禮尚往來與互惠之意。

（3）知所禁忌：應考慮各國文化中的忌諱，例如華人生日時不應送「鐘」、婚禮不可為「白色」，應該以象徵喜氣的紅色為佳。

（4）轉贈之禮：如無法親自送禮，應該在托人轉贈的同時附上名片或小卡，以表示心意。

（5）注重環保：避免選擇過度包裝的禮品。

（6）禮輕情重：送禮最重要是一份心意，切不可以「金錢數量」來加以衡量，因此送禮者應撕去價目表，收禮物的人也要珍惜，絕口不提其他價格或是來源等內容，也不因禮物不值錢而否定了對方心意，因此禮品在包裝前應撕去價格標籤。另外，除非本人親送，否則應在禮品上書寫贈送人姓名或附上有"With the Compliments"的名片。

禮 儀 小 補 帖

在國外購買禮品送給朋友時，可附上由店家另行開立的購買收據（gift receipt）。這種收據僅會顯示購買證明，而不會顯示價格，且能讓收到禮物但不太喜歡的人可以逕自去更換其他商品。

（六）送花的禮貌

1. 送花的場合

（1）送捧花、束花多半是各種歡慶祝賀場合的個人（圖6-12）。

圖 6-12 送花

（2）送盆花多選在開幕誌慶及喬遷之喜的時候。

（3）送花籃都會是再各種典禮的儀式上，像各類競賽會場。

（4）送花圈則以喪祭弔唁、秋祭國殤之時。

2. 送花的種類：一般使用最多的花材是玫瑰，雖說在各種歡樂場合都受
   歡迎，但紅玫瑰也在某種程度上傳達了浪漫的意圖，特別是在法國和秘
   魯，也因此需在選擇上特別注意和數量多寡。在西歐，白色百合以及任
   何顏色的菊花都與弔唁有關。黃色的花朵雖象徵著對拉美裔和中東人的
   哀悼；然而，在智利，它卻象徵著輕蔑。

特殊的節令還有一些特別花材，像秋天的時候送聖誕紅、水仙或鬱金香，
母親節則送康乃馨，代表溫馨親切。幽香的　莉花、茶花是傳達思念的花
朵。黃色的玫瑰或其它花材，則含有絕交、分手的意涵。禮佛的花材則多
以蓮花、黃色菊花為主，不適宜送人。

（七）喪禮

喪禮致送輓軸、輓聯、輓額、輓幛、花圈、花籃或十字花架等，其上款應
題某某先生（或官銜）千古；如是教徒，可寫某某先生安息；如是女性，
可寫某某女士靈右或蓮座（佛教徒），下款具名某某敬輓。依西洋習俗，
可在送禮者具名的卡片上題 :With Deepest Sympathy，而在卡片信封上書寫過
世者的姓名，例如：To the Funeral of the Late Minister John Smith。參加喪禮時，
應著深色西服及黑色或深藍色領帶。

重　點 摘　要	1. 任何性質的拜訪、都應注意服儀打扮是否得宜。 2. 拜訪中如需致贈禮品，應考量場合與目的。

第二節 商諮禮儀

正確且適當的商諮禮儀將決定客戶對於企業印象分數的增減，如能把握接待的禮節，將能讓客戶對企業產生信賴感，進而形塑個人與企業品牌形象，即為本節解析的重點。

一、訪客接待

接待時，應注意服裝儀容是否整潔俐落，並且以親切的態度與笑容和對方交談。

（一）整潔俐落的服裝儀容

接待人員應該從頭到腳地注重儀容與服裝，如此一來也能表現出對這份工作的重視（圖 6-13）。

圖 6-13 整潔俐落的服裝儀容

（二）親切的態度

面對客戶的來訪，應該要面帶笑容招呼，並詢問其姓名以及來訪目的（圖6-14）。

圖 6-14 親切的態度

（三）收遞名片

接受名片時，手部應該在胸口和腰際之間較為恰當，並注視對方，恭敬地將名片收存在名片夾中（圖 6-15）；並且為了怕日後回想困難，應該記下與對方會面的日期、特徵甚至是喜好等資訊於名片上。

圖 6-15 收遞名片

遞交名片給對方時，字面應朝向對方；此外，目前的名片大都會製作中英文版本，應視對方國籍，將相應的版本給對方。例如：華人給中文版本、外國人給英文版本。最重要的是，應將名片建檔（數位方式或成冊都行），以利在日後查閱時能快速地找到，有利於業務推展和人際關係的維繫。

禮 儀 小 補 帖

名片設計應簡單、俐落，不可用過度可愛的設計，印製在尺寸 3×2 的卡片紙上，並應確保包含以下所有信息：姓名和職稱、公司名稱、郵寄地址、傳真號碼、電子郵件地址和電話號碼（例如辦公室、手機和家用電話）等。

（四）引導禮儀

1. 將右手手指併攏和身體呈 45 度來為客戶指引方向（圖 6-16），遇到轉彎處要停下來確認客戶是否有跟上，切勿走太快讓客戶跟不上，反而拖到時間。

2. 上下樓梯時，如果客戶較為年長，應該要步行其後，以策其安全。

3. 搭乘電梯時，進電梯時應該先行進入，並且按住開關讓客戶進來；出電梯時，則應讓客戶先行走出。

圖 6-16 引導禮儀

（五）會客室禮儀

1. 進入會客室前應先敲門確認，向外開的門，應先由接待人員拉開控制門，請客人先入內，最後自己再進去；向內開的門則爲相反。

2. 應奉上茶水、茶點或報章雜誌讓客戶先稍作休息，並通知會客的主管或同事。

3. 茶水或咖啡的準備，應該一律放在托盤上端送，並以客戶爲優先（圖6-17）。

圖 6-17 會客室禮儀

（六）送客禮儀

1. 基本上，客戶離開時應該同樣恭謙有禮，並避免過度匆忙。

2. 送客時，確認客戶已不在視線之內，才可轉身離去。

禮 儀 小 補 帖

有的時候，我們和對方的談話會自然地結束；如果沒有，則可以在談完相關
重點內容以後，找尋適當的時機，優雅地結束對話。以下列出三種可以輕鬆
結束對話的語句，讓你輕鬆地抽身：

‖ 不好意思，但我必需在 Joanna 離開前和她談一下。

‖ 不好意思，我去和 Mac 打個招呼。

‖ 讓我將你介紹給 Richard。

時間就是金錢，即使彼此間對話令人愉快，也應該適時地去和不同人交流。

二、會議安排

會議安排應特別留意人、事、時、地、物以及執行的方式（5W1H），以有
效達成會議召開的目的。

（一）召開會議前的注意要點（5W1H）

1. WHO：此次會議的主要人物有誰。
2. WHY：召開此次會議的主要原因是什麼。
3. WHEN：此次會議的時間。
4. WHERE：此次會議的地點。
5. WHAT：此次會議的內容。
6. HOW：如何執行此次會議的召開。

（二）會議安排的注意事項

1. 應確認會議日期適當，不與其他行程相碰，或是太密集。
2. 視會議規模，制定分工小組。
3. 選擇適當的會議場所。
4. 準備好可能會使用到的器材。
5. 跨國會議則需視情況安排翻譯人員。
6. 開會人員如有外國人，應另外準備咖啡及礦泉水。
7. 承上，華人則準備茶及礦泉水，或視實際需求調整。

（三）遠距會議

儘管當面互動的能量也許永遠不會被取代。然而，隨著數位平台的多元化以及考慮便利性和節約成本，遠距會議的形式也越來越廣泛地被使用。遠距會議可以透過電話、影像或電子郵件的形式，與隔壁辦公室、同一建築物中不同區域或身處不同城市、國家的成員共同參與。

1. 電話會議（Teleconference/ Conference Calls）

（1）提早設置電話系統以容納相應人數的參與者。如果人數較多，則可能需要準備電話會議識別碼或請相關技術人員協助設定。
（2）聯繫每位參與者，確定每個人在指定的日期和時間能夠出席電話會議。每個電話會議應提供至少三個備選時間和日期，並需要指定時區。如果沒有大家都能同意的時間，也應找到最適合且最重要的參與者（依層級或業務內容）的時間，並請他人重新安排時間。
（3）在預定的電話會議之前，應透過電子郵件發送議程。
（4）在通話前一天確認所有與會者的時間。
（5）在通話前應在預定時間前幾分鐘登進會議系統。

（6）登進會議時，應主動說明身份。並於成功登錄後，且聽到提示音後
　　等待兩至三秒鐘，確保不會打擾任何人的發言後，再給予幾句簡單
　　的問候以及報上自己的姓名。

（7）在發表意見之前，應說出你的名字。

（8）仔細聆聽，並且只在必要時說話，但不要猶豫是否發言。

2. 視訊會議（Videoconference）

　　電話會議的禮儀規則也同樣適用於視訊會議。只不過，因為在視訊會議
中，每個人都會直接顯現在鏡頭上，因此會需要一些額外準備如下：

會議開始前

（1）技術人員共同確認所有設備都能正常運作。

（2）訊會議前，應熟悉所有設備的使用。

（3）認在自己面前的桌子上準備好會議中可能需要用到的資料或文具。
　　並在視頻會議開始前移除任何可能分散其他參與者注意力的東西。

在會議期間

（1）自己在鏡頭面前保持自信、舒適的態度。並適時的向鏡頭微笑並與
　　他人保持目光接觸。

（2）免做出任何手勢，以免在不經意的情況下冒犯他人。

（3）發言應力求咬字清晰，並放慢說話速度。

（4）避免穿著固條紋或格子圖案的服裝，這些服裝在相機的鏡頭中可能
　　會產生顆粒感。

（5）留意肢體語言，例如避免抓癢或是在他人做出評論時擠眉弄眼。

（6）避免發出不必要的聲音，例如：在麥克風附近咳嗽、敲筆或拖曳紙張。

三、電話禮儀

撥打電話時（圖6-18），除了事先掌握談話的重點與表明身分，時間也應避免在上午九點以前和晚間九點以後。接電話時，應該在鈴響三聲內接起。

1. 在恰當的時間打電話：基本來說，上午九點以前和晚間九點以後是較不恰當的。
2. 電話鈴響三聲之內，務必要接起較不失禮。
3. 撥打電話前應先了解本次的重點，以免拖泥帶水，反而解決不了盲點。
4. 電話撥通時，首先表明自己的姓名與身分。
5. 若要找的人不在，可請對方留下聯絡方式，再代轉給他人，並應給予來電者適當隱私，切勿過度身家調查。
6. 結束通話之前，應再將雙方協調後的事項再重複一次，並加以確認。
7. 掛電話時，應等對方先行掛斷，自己再掛上。

圖 6-18 打電話

禮 儀 小 補 帖

1. 掛上電話時，可用手先按掉再輕輕放上話筒，以避免掛上話筒時的聲音有失禮儀。

2. 留下語音郵件時，應力求簡明扼要，並在語音中留下你的姓名、電話號碼和打電話的理由。在語音結束前，應重複自己的電話號碼，以確保對方有時間將其寫下來。此外，請瞭解語音郵件即是一種錄音，訊息可能會被一次又一次地播放，不留下有爭議的內容，以免在不知情或未經同意的情況下被轉發給他人，造成不必要的麻煩。

重　點
摘　要

1. 接待人員應該從頭到腳地注重儀容與服裝。
2. 召開會議前應掌握 5W1H 原則。

第三節 寫作禮儀

儘管隨著生活方式的改變，現代人已逐漸減少傳統書信的寫作模式來進行聯繫，但在許多正式與非正式的場合之中，仍會以書信來進行聯繫，以表示對於對方的重視；故本節將介紹基本的書信格式，了解書信的寫作禮儀。

一、國內書信及信封書寫格式

應將收寄件人的姓名、連絡電話、地址及郵遞區號清楚寫明於正確的欄位。

(一) 國內直式信封

1. 收件人姓名書寫於中央，地址則寫於右側，並將郵遞區號正確寫於右上角框格中。

2. 寄件人姓名與地址則寫於左下側，郵遞區號正確寫於左下角框格中。

3. 將正確的郵資貼於左上角。

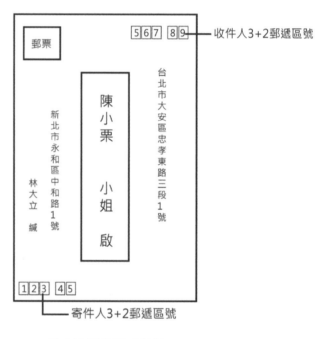

圖 6-19 國內直式信封

（二）國內橫式信封

1. 收件人姓名、地址應該書寫於中央偏右。

2. 寄件人姓名、地址應該書寫於左上角。

3. 書寫順序

（1） 第一行：郵遞區號。

（2） 第二行：地址。

（3） 第三行：姓名。

4. 將正確的郵資貼於右上角。

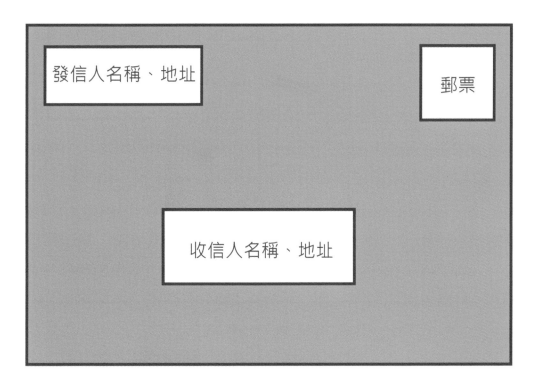

圖 6-20 國內橫式信封

（三） 國際航空信封

1. 收件人姓名、地址應該書寫於中央偏右。

2. 寄件人姓名、地址應該書寫於左上角。

3. 書寫順序

（1） 第一行 : 姓名

（2） 第二行 : 地址（門牌、巷弄以及街道名稱）

（3） 第三行 : 地址（城鎮、行政區、城市、省及郵遞區號）

（4） 第四行 : 國名

4. 將正確的郵資貼於右上角。

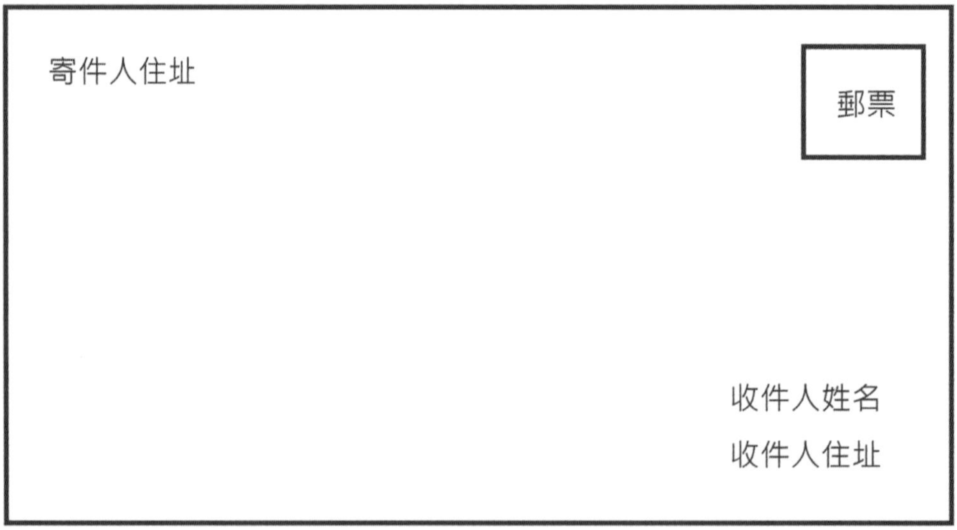

寄件人住址

郵票

收件人姓名

收件人住址

圖 6-21 國際航空信封

（四）書信注意要點

1. 信封與信紙要典雅大方。
2. 信紙的紙質與顏色必須與信封一致。
3. 封口建議留一端或兩端的空間以利拆信。
4. 姓名與地址必須書寫清楚。
5. 信封上的稱呼僅以先生、小姐、女士等。
6. 信件開頭稱呼必須稱呼對方全銜。
7. 信末必須親自簽名。
8. 書寫墨水以黑色、深藍色為主。

二、慰問信

慰問信寫作要點應依據對象的背景，以為收信人著想為出發的內容，給予適當的關懷與鼓勵，並力求簡潔俐落。

（一）寫作要點

1. 根據對象的不同來寫，並且側重在其特點給予關懷安慰或鼓勵。
2. 內容必須設身處地為收信人著想，給予親切且真摯的關懷，篇幅則不宜過長。
3. 信件語氣不宜過度悲觀，以提升收信人的勇氣與信心為佳
4. 切忌過於公式化，力求簡潔俐落。

（二）格式

1. 標題：此類信件標題通常由慰問對象與種類名稱共同組成。
2. 抬頭稱呼：信件開頭必須頂格寫上受文者的姓名，並加上稱謂。
3. 正文：包含發信目的、緣由以及慰問事項。
4. 結尾：應寫上祝願的話，給予勇氣及鼓勵。
5. 落款：寫上單位或是個人的署名，並在署名右下方寫上日期。

三、請帖

請帖只需要簡單寫上事由、日期、時間、地點、邀請人（單位）以及注意事項等等，並建議附上回卡，以利賓客將回卡寄回時能早日統計人數及相關作業。其中，西式請帖中的 R.S.V.P. 是表示敬請對方回覆的意思。

To meet Honorable Dr. and Mrs. _____

Mr. And Mrs. _____

Request the pleasure of your company

At dinner

Friday,the sixth of March

At seven O'clock

2011 Fifth Avenue

Regrets Only
Tel.
Miss Linda wang

Walf tie

圖 6-22 西式請帖範例

Mr.＿＿＿＿＿＿＿＿＿＿＿＿＿

□ accepts
□ regrets

Monday, July tenth

圖 6-23 西式回帖範例

謹詹於國曆　年　月　星期
光臨
恭候
午　時　分　敬備菲酌
謹邀
席設：口口大飯店
宴會廳
地址：
電話：

敬請
陳小栗　小姐
林大立　敬邀

圖 6-26 中式請帖範例

To meet Honorable Dr. and Mrs. ＿＿＿＿
Mr. And Mrs. ＿＿＿＿
Request the pleasure of your company
At dinner
Friday, the sixth of March
At seven O'clock

R.S.V.P

圖 6-24 西式正式宴會請帖範例

Mr. And Mrs. ＿＿＿＿
accept with pleasure
Mr. And Mrs. ＿＿＿＿
kind invitation to dine
on the evening of March the tenth
at＿＿＿＿＿

圖 6-25 西式正式宴會回帖範例

□ 參加
□ 不克參加

□□宴會　簽名

年　月　日

圖 6-27 中式回帖範例

四、E-mail

電子郵件（圖 6-28）已是國際商務網來的溝通模式之一。使用電子郵件應遵循商業書信格式，以維持公司形象與專業的態度。電子郵件並非機密文件，沒有太多隱藏的空間，即便是簽名檔，任何人都可能可以閱讀，是具有公開法律效益的文字書件，也因此，即便是聲稱機密文件的電子郵件內容，也能作爲法律證據。

電子郵件給人的第一印象很重要，如同當面給人的第一印象一般，也因此在書寫商業書信時，應更加謹愼並符合適切禮儀，才不會造成未見面就先失禮的窘境發生。

發送電子郵件，應先寫主旨，主旨月鮮明越好，利於日後搜尋查詢。塡入收信人地址前，先檢查信件文字、標點符號吉及文法是否正確，並確認附件是否正確，方能避免寄出錯誤的郵件。

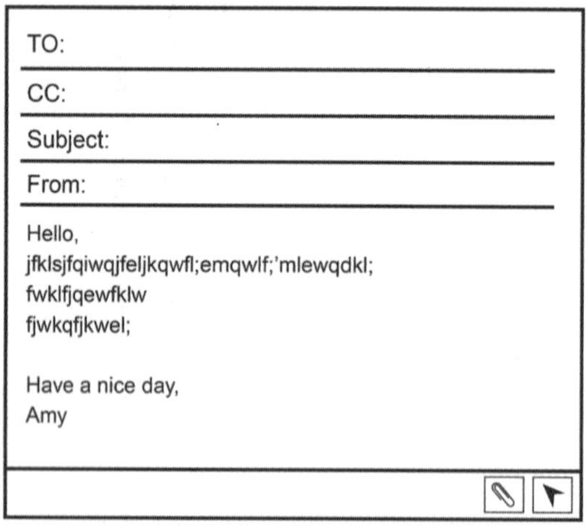

```
TO:
CC:
Subject:
From:

Hello,
jfklsjfqiwqjfeljkqwfl;emqwlf;'mlewqdkl;
fwklfjqewfklw
fjwkqfjkwel;

Have a nice day,
Amy
```

圖 6-28 E-mail 範例

郵件寫作技巧：

1. 主旨應明確並切題，既能清楚說明郵件內容，也能日後搜尋。
2. 郵件內容應簡明扼要，需要長篇說明的內容，應做成附件。
3. 檢查拼字、文法和標點符號。
4. 發送前，務必再次檢查收件人地址是否正確。
5. 郵件最後應加上問候語、簽名檔，後者需包含：你的全名、職稱、公司名稱、公司地址、電話號碼、傳真號碼、電子郵件和官方網址。若公司要求，則將免責聲明一併附上。
6. 副本、密件副本
（1）回應具有數個副本（CC）時，請留意不要犯以下錯誤：按回覆只想回覆原發信人時，誤按全部回覆，導致每一收信者都瀏覽你的回信。
（2）傳送密件副本（BCC），代表傳送者不希望公開收信者姓名，但需注意避免誤將信件發送給不該發送的人。
（3）發信是不可回逆的，一旦發出便無法挽回，故在最後一步發信時，應務必再次確認收信者以及寄送對象，才不會失禮以及可能產生的負面效應。

重　點 摘　要	1. 信封與信紙要典雅大方。 2. 內容應目的明確，書寫墨水以黑色、深藍色為主。

禮 儀 小 補 帖

在職場生涯中,你將會遇到許多形式的書面文件來進行溝通:舉凡信件、報告、備忘錄和傳真等等。所有的商業寫作都應該力求整齊,並且簡明扼要。以下就幾個需要注意的地方進行說明:

1. 特定收件人:如果可以,在任何商業書信往來上都應該有特定的收件人。如果你不認識該收件人,請透過打電話或上該單位網站查詢資訊,以及確定拼寫是否正確。除非對方允許,否則不可在寫給位階高者的信件上直接稱呼名字;如果不確定位階,則可使用 Mr.、Ms. 或 Dr.。

2. 商務信函:使用商務信件溝通時。如果信封上沒有印刷企業表頭,則應該在信函上寫清楚以下內容:(1)在日期後附上寄回地址;(2)稱呼;(3)信件正文以及(4)問候語(例如「Sincerely(誠摯地)」),和你的簽名。

3. 備忘錄(memoranda):使用備忘錄進行溝通時。皆應附上五個關鍵訊息,包括(1)地址(「收件人」行);(2)寄件人(「寄件人」行);(3)寫上日期(「日期」行);(4)主旨行以及(5)內文。最後,簽署並直行該備忘錄,以表雙方同意該備忘錄內容。

4. 報告:職場生涯中,使用報告提供廣泛的研究和建議也是非常常見地。報告的內容應包括:(1)標題頁;(2)目錄;(3)執行摘要;(4)介紹;(5)方法;(6)結論或建議以及(7)附錄。此外,應附上一封說明報告目的、範圍和研究侷限的信件,並加以確認。

5. 傳真(傳真):等同任何其他專業商務信函一樣處理。應使用封面,並提前告知對方傳真通常不保密,除非接收機器位於特別有資訊安全管理位置的地方。

6. 校對:發送任何文檔或稿件之前,請花時間校對正確的語法、拼寫和內容,以表達對讀者的尊重。

知識小書籤

美國地大，在大樓中管理室會有郵差箱，只要將寄出信件放至信箱中即可。
另外，太多廣告宣傳單，信箱處，也會放至回收桌。
住在 house, 外面的信箱兼郵筒的功能。如果要寄信，就把信箱的紅旗往上，郵差就會去收信。

CHAPTER 7

樂的禮儀

以禮貌為基礎的國際禮儀，除了在飲食起居部分上結合各國餐飲文化而有
其規則。而在日常生活中，我們也不免會參加一些提升生活品質的各種休
閒活動（圖 7-1），例如舞會與音樂會，甚或是觀看運動競賽、參觀展覽等
等，「樂的禮儀」也因此應運而生。本章由生活與休閒出發，歸納出宴會
禮儀、參加體育活動、生活禮儀等三大面向，著眼於平常容易接觸到的社
交活動，在提升自我生活質感的同時，也能自然達到成功社交的目的。

圖 7-1 休閒娛樂

學習目標
1. 了解不同社交場合之間的禮儀差異
2. 學習在娛樂性質場合中的正確禮儀
3. 具備基本的生活禮儀態度
4. 具備將禮儀應用在不同場合的思維能力

第一節 宴會禮儀

受到西方文化的影響，當代的社交場合中，已逐漸衍生出各色酒會及茶會（圖 7-2）等結合餐飲軟實力的社交活動，透過讓賓客感到放鬆，進而打通人際關係網絡。

一、酒會與茶會

流程規劃：

1. 迎賓：主人應在會場入口處迎賓，一一握手或擁抱歡迎。並簡單寒暄慰問，但不宜停留接待線上交談過久，以免妨礙他人進入。
2. 致詞：酒會時，可安排主人致歡迎詞，茶會及園遊會則不需要。
3. 聚會開始後：主人可入內周旋於賓客間寒暄致意，客人可逕與未經介紹之來賓接觸談話，不宜孤坐呆立。
4. 結束時：主人應在出口處送客。若賓客擬早退，不必驚動主人，可逕自離去。

圖 7-2 茶會

重點
摘要

1. 主人應妥善規畫活動內容，讓賓客感到放鬆。
2. 主人應尊重客人的需求。

二、舞會

舞會（圖 7-3）已成為外交或社交應酬之經常活動，舞會可分為茶舞（Tea Dance）、餐舞（Dinner Dance）、正式舞會（Ball）以及化妝舞會等。基本禮儀原則為：

1. 參加舞會時，除正式舞會或性質較隆重者，雖遲到亦不算失禮，有事須早退時，可自行離去，不必驚動主人及其他客人。
2. 開舞：舞會照例由男女主人或年長位高者開舞。
3. 邀舞時：應先徵求同意，欲與已婚女賓共舞時，宜先經其夫許可，以示禮貌。

圖 7-3 舞會

三、音樂會

聆聽音樂會（圖 7-4）則是生活中最令人感到愉快與放鬆的體驗之一，也可因為在遵守相關禮儀規則的同時，進一步增強體驗。整體來說，音樂會最重要的原則是展現對於表演者和其他聽眾的尊重，這是因為表演者和觀眾都必須專注在音樂上。這也意味著為了避免在整個演出過程中受到中斷，必須控管好

圖 7-4 音樂會

噪音和其它可能分散注意力的行爲。此外，在音樂進行時，或在歌曲或轉場間不應聊天。並讓手機保持靜音模式或關機，在就座後不應發簡訊或上網。同時，在音樂會或演唱會期間不應拍攝表演者或錄製影片，也有可能會侵犯著作權。

1. 古典音樂會

（1）古典音樂會通常會有獨奏者（例如，爲獨奏鋼琴創作的音樂）、管弦樂隊或伴奏樂團（稱爲協奏曲）。

（2）向表演者表示讚賞時，可給予掌聲，並避免大喊或踩腳。

（3）在演出期間的轉場過程鼓掌是不禮貌的，因爲這會讓表演者分心。

（4）演出完成時，鼓掌的熱烈程度可表示出個人的讚賞。

（5）演出完成時，可給予持續的掌聲。在美國，「起立鼓掌」已經非常普遍；不過在歐洲，起立鼓掌會視觀衆的實際感受而有所不同。因此，可視整場觀衆的狀況給予相應的讚賞。

（6）在表演者離開舞臺之前讓掌聲停下會顯得失禮。演出結束時，當音樂家站起來鞠躬、走下舞臺，在其返回舞臺前不要停止掌聲。亦即只要表演者還在舞臺上，就應該保持掌聲。

禮 儀 小 補 帖

演出結束後，如果拍手以不能表達你的終極讚賞，也可以適時地喊一、兩聲 "Bravo ！"（意為「優秀！」）。此外，有時候表演者會在演出完全結束前再添加一小段演出來回應持續的掌聲，這段表演通常會稱為「謝幕」。而在掌聲中，可以喊出 "Encore ！"（意思是「再次！」）來鼓勵表演者提出謝幕的表演（圖 7-5）。

圖 7-5 讚賞表演者

知識小書籤 歌劇的特殊規則

在歌者演唱一首歌（通常稱為「詠嘆調」）之後，觀眾經常會以熱情的呼喊（如為男性表演者應喊 "brave"，女性表演者則應喊 "brava"）和掌聲打斷表演。這是完全可以被接受的，並增加了戲劇表演的熱度。

2. 爵士樂

爵士樂（圖 7-6）活潑有趣，但應盡量避免拍打腳或過度點頭。在第一首歌曲中，每個表演者會進行短暫的獨奏。每次獨奏後，即使音樂仍在繼續，禮貌地鼓掌是可以的，但不可大聲喊叫。

圖 7-6 爵士樂

3. 流行音樂會、演唱會

流行音樂相關的音樂會或演唱會原則上沒有特別的禮節規範，但仍需注意避免於氣氛熱絡時碰撞到他人。可視情況站起來、大喊大叫、跟著表演者唱歌，並且度過美好的時光。另需注意的是，部分主辦單位可能會禁止錄影或拍照。

4. 其它注意事項

1. 務必提早於開演前十分鐘入場，並落實「一人一票」的機制入場。這樣除了能準確控制人數，不但讓演出有品質，也讓觀眾看戲愉快，更重要的是，安全上沒有顧慮，這是很重要的。如果遲到，應等節目告一段落後再行進場入座，以免影響節目演出。

2. 不宜攜帶嬰兒或小孩入場，場內不可吸煙、吃零食或交頭接耳。持有手機者務必關機。

3. 入場時，男士應負責驗票尋找座位，並照顧女伴入座。 觀看演出，為避免影響演出（表演者）及觀眾，遲到或中途離席者無法馬上進場，須遵照現場規定，由服務人員帶領入座，這是對表演者以及觀眾的一種尊重與禮貌。

4. 待完全謝幕後，賓客才可起立離席出場。演出結束時，別忘了帶走節目單或沿路拿到的宣傳單，以保持劇場內的清潔。

重　點

摘　要

1. 參加舞會時，應穿著適當服裝。
2. 參加音樂會時應將手機關機，並不可攝影、錄影，以免影響其他觀眾。
3. 不可在古典音樂會（例如交響樂、管絃樂）演出期間的轉場過程鼓掌。

第二節 體育活動

在西方文化中，觀看運動相關賽事也是凝聚生活的重要部分，場合雖然很隨興，但由於賽事往往緊張，容易牽動觀看者的敏感神經，因此仍應注意相關基本應對禮儀，才不會敗興而歸。

一、觀賽禮儀

1. 關閉手機或將手機置於靜音模式。
2. 勿大聲喧嘩或在場邊交談。
3. 不使用閃光燈拍照。
4. 比賽過程中，觀眾只能在選手換邊休息時走動（每盤的奇數局之後，以及每盤結束後）。
5. 不在場館內吸煙。
6. 不要當面向球員叫好。鼓掌加油時要注意，只有在一分的比賽確實結束時，方可開始加油叫好。
7. 比賽中，當撿到球員打飛的球後，應在比賽暫停時將球扔入場內，千萬不可以在比賽進行的時候將球扔進場內。
8. 不要帶年齡太小的孩子去觀看網球比賽，他們的吵鬧有可能讓你成為比賽場內的焦點。

圖 7-7 觀（棒）球賽

二、高爾夫球敘

高爾夫的規則非常複雜，因此通常會有專門裁判在比賽期間進行規則判斷。高爾夫禮儀傳承已久，違反高爾夫禮儀會被認為是對團隊或遊戲規則的不尊重。因此，如有機會進行高爾夫球敘時，應熟讀相關規則，以免違反這項高貴運動的禮儀規則（圖7-8）。

圖 7-8 高爾夫球敘

1. 進行時的禮儀

（1）不要在果嶺上飲食。食物和飲料應留在高爾夫球車中。

（2）切勿駕駛電動或氣體高爾夫球車，或將拉車拉到果嶺上。不可將高爾夫球袋放在果嶺上。除了推桿，不要在果嶺上放任何高爾夫球桿。

（3）當所有球員的高爾夫球都到達果嶺時，第一個到達的球員可以從洞中移除旗幟，並且輕輕地將旗幟放在果嶺上。

圖 7-9 推桿

（4）在果嶺上唯一可使用的高爾夫球桿是推桿。「推桿」用於將球「推入」球洞（圖 7-9）。

（5）不可坐著或躺在果嶺上。

（6）在擊球前排隊推桿時，應以膝蓋不著地的方式跪下進行（圖 7-10）。

圖 7-10 膝蓋不著地的方式跪下

（7）球最遠離球洞的球員首先推桿。如果另一名球員的球在他的球和洞之間的線上，其餘球員可以禮貌地要求對手「標記」他的球。例如：拿起球並用球標或用硬幣標記。

（8）球員從球後面和球洞後面（反方向）觀察球和洞之間的線是可以的。然而，「排隊擊球」時，超過 15 秒時是不禮貌的。

（9）當有球員正在推桿時，切勿咀嚼食物、吐痰、咳嗽、說話或發出任何聲音。此外，應站在該球員的背後，這樣會讓其感到較為自在。

（10）在球員推桿後（如果他的球未進入球洞），他應該標記球或禮貌地要求「推出」；換句話說，也就是再次推桿以完成球洞。

（11）在所有球員都推出球之前應避免讓不相關的人員進入果嶺。而首先完成進洞的球員應該替換好洞中的旗幟，以便下一組球員進到果嶺，加快比賽節奏。

2. 其它注意事項

（1）不可遲到，應於約定開球前 20 分鐘抵達球場。

（2）開球：首洞開球可依據抽籤順序，依序開球。其後各洞開球順序，則依據前洞擊球成績，由最低桿數者依序開球。

（3）擊球順序：以距離果嶺最遠者先擊球。

（4）推球順序：以距離球洞最遠者先推球。球員於果嶺上走動，不可踩踏其他球員推球行進路線。

（5）球場上之優先順序

跟上前組是任何一組球員的責任。如果某一組球員落後前組一洞並耽擱到後組的進度，該組球員應該禮讓後組球員超越他們，且不論後組球員人數多少。

‖　球場上之優先順序應該由一組的擊球速度來決定，進行整回合（十八洞）比賽的球員有權利超過那些進行短程比賽的球員。

（6）注意事項

‖　球敘進行中不可拖延時間，遵守快走慢打之守則。

‖　前組球員未走至安全距離時，不得從後擊球。

‖　球伴有協助覓球之禮貌，如因覓球而耽誤時間宜讓後面球員先行通過。

‖　每洞結束後，球員應立即離開果嶺。

‖　球員擊球時，其他人不得站立於其前方或後方視線範圍內及其揮桿範圍內，亦不宜在旁走動或交談，宜與擊球者保持適當之安全距離。

‖　球員不得任意移動球，移球前需取得同組球員之同意。

‖　打高爾夫球時，一定要穿上高爾夫球鞋才能進入球場地。

‖　每人應自行準備球具，不可向他人借。

知識小書籤 高爾夫球的由來

首次被記錄類似高爾夫球的運動是在西元 1297 年，當時在荷蘭的費赫特河畔盧嫩鎮舉辦的一場比賽，參加者使用棍子和皮製的球，以擊球次數最少而將球能打進數百公尺以外的人可贏得比賽。不過今日的高爾夫球運動普遍被認為是蘇格蘭人所發明，這是因為在中世紀時，蘇格蘭議會曾經明文規定禁止民眾玩名為「gowf」的比賽。

此外，也有一個關於高爾夫球的都市傳說指出高爾夫球（GOLF）的由來是 "Gentlemen Only, Ladies Forbidden"（男性專屬，女性止步）的縮寫，但至今尚無人能證實。

1. 觀看賽事時，應關閉手機或將開啓靜音模式，並不可使用閃光燈拍照，以免影響比賽進行。
2. 打高爾夫球時，一定要穿上高爾夫球鞋才能進入場地；每人應自行準備球具，不可向他人借。

三、健身禮儀

有鑑於現代人對於健康的注重，以及對於環境舒適度的青睞，上健身房運動已是潮流所趨。健身房是男女老少不分的，而且器材也有限，所以在健身房運動時應注意簡單的應對禮節，以免讓旁人感到不自在。

（一）選擇適合的運動服裝

運動過程中，身體會排出大量汗水，赤膊健身會讓汗液與健身器材接觸，容易造成器材滑落而導致受傷，甚至是讓女性健身者感到不自在。因此在健身時應該穿著具有吸汗、排汗材質的運動上衣和運動褲；長髮女性則應將頭髮束起或綁包頭，避免頭髮在運動時不小心被運動器材捲入。此外，上健身房應穿著運動鞋，不可穿著拖鞋、涼鞋或赤腳，以避免造成運動傷害，甚或是讓旁人觀感不佳。

（二）注重個人衛生

若男士體味較重，可在開始健身前使用止汗噴霧或止汗膏，不僅能帶給旁人健康親切的感覺，也能為自己在健身時帶來好心情。此外，為了衛生考量，器材使用完畢後應將運動器材上的汗水擦乾，方便下個會員使用。

（三）避免霸佔運動器材

儘量採取輪流使用器材的方式，讓每個會員都有機會使用。

（四）健身器材應放置回原來的位置

隨意將運動器材（例如：啞鈴、槓片）放置地上時，由於體積小不易察覺，可能造成其他會員受傷，因此器材用畢後，應將健身器材放回原來的位置。

（五）健身器材應小心輕放

健身器材仍屬精密儀器，使用結束後應該輕輕放回原處，避免器材回彈造成器材損壞或讓自己及其它會員受傷。

知識小書籤 健身運動的由來

健身（work out）（圖 7-11）在美國已有超過 30 多年的發展歷程，初期的重量訓練是為了舉重選手的肌耐力訓練，輔助的健身操亦是為了讓太空人的肌肉能夠獲得訓練的運動。隨著市場經濟的發展，腦筋動得快的美國商人直接把這兩項活動當成店舖裡賣點，結果竟也因此造成全球審美觀的變化，進而開展出全民健身的熱潮，成為現代文化中的獨特景觀。

圖 7-11 健身

1. 選擇適合的運動服裝、運動鞋，不可穿著拖鞋、涼鞋或赤腳。
2. 避免霸佔運動器材。
3. 健身器材應小心輕放。

四、游泳池禮儀

夏日炎炎時，游泳（圖 7-12）就是最消暑的全民運動，而隨著時代演進，冬天也有溫水游泳池可以去。如能了解泳池相關的規範並且注意基本禮儀，方能享受游泳帶來的樂趣。

圖 7-12 游泳

1. 泳衣泳褲要得體：在公共泳池游泳請不要穿款式過於暴露、顏色過於誇張的泳衣、泳褲（例如膚色、純白色、丁字褲等）。
2. 下水請戴泳帽：掉髮往往是堵塞泳池排水系統的罪魁禍首，而且泳池池水中或多或少都含有消毒劑、沉澱劑等化學物質，因此在下水前戴好泳帽就是有效保護頭髮的不二法門。
3. 下水請勿佩戴首飾：在公共泳池游泳不可佩戴首飾，以免刮傷他人或是因為泳池中的化學物質讓飾品受到傷害。
4. 游泳之前注意飲食：游泳前 30 分鐘內不可過度進食、飲酒，以免在游泳時出現腸胃不適或因嗆水引起嘔吐。
5. 下水前淋浴：下水前淋浴能先沖掉汗液、毛髮和皮屑，有助於維護泳池水質。

6. 注意拖鞋擺放：應妥善放置拖鞋，避免在池邊穿著拖鞋走動，也不可在泳池中清洗或浸泡拖鞋，以免拖鞋上的細菌和髒垢汙染水質。

7. 下水前應觀察泳道並注意下水方式：下水前應觀察泳道狀況，以免造成自己或其他人受傷；下水時，應該由泳道角落進入，不可跳水，以免造成不必要的傷害。應根據自己的能力挑選適合自己的區域游泳，量力而行，不逞強。

8. 遵守游泳池的交通規則

（1）以泳池底的水線為界靠右側游進，在泳池中不逆行、不隨意變換泳道，並應儘量不超越前方的游泳者為原則。

（2）如需超越前方游泳者，先看左側是否有對向來人，條件允許時快速從左側超越，並且儘量避免超越時製造大水花。被超越的人也不要拚命加速阻止別人超越。

9. 不可壓水線：長時間壓水線會使水線低於水面，其他游泳者容易踩到造成劃傷或者碰傷。

10. 尊重泳池的工作人員：每一位工作人員都是為了更好地服務游泳愛好者而存在的，因而請尊重他們的工作，適度地給予感謝。

重點摘要

1. 不穿款式過於暴露、顏色過於誇張的泳衣、泳褲。
2. 下水前應觀察泳道並注意下水方式，並遵守游泳池的交通規則。

第三節　生活禮儀

一、出生與生日

慶祝生日是長久以來人們對於生活與生命熱愛的表現，無論是親情和友情，都是一個維繫情誼的途徑。由於慶祝的方式很多元，並非以禮物的貴重爲首重考量，重點還是在於是否能讓過生日的人感受到他人的用心與溫暖，因此在慶祝生日時，除應掌握基本的禮儀原則，也應該適度衡量自己的能力，讓慶祝活動成爲彼此生命中難忘的回憶。

（一）嬰兒誕生

嬰兒誕生（圖 7-13）需要的東西很多，例如：金飾、紅包、衣服以及嬰兒相關用品都是很好的選擇，考慮自身預算及實用度來餽贈即可。此外，在華人文化中，新生兒滿月時會送親朋好友們紅蛋、雞腿、油飯或蛋糕等禮品，而收到禮物的朋友也應該給予紅包慶祝。

圖 7-13 嬰兒誕生

> ### 禮 儀 小 補 帖
>
> 在西方國家中，在新生兒出生前夕（通常訂在準媽媽預產期前的四到六周舉辦）會舉辦「新生兒派對 Baby shower」。而爲什麼是用 shower 而不是 party 的原因，是因爲這場派對的目的是給準媽媽來場「禮物浴」，而禮物當然不外乎是一應俱全的嬰兒用品。所以，千萬不可兩手空空到場獻上祝福，場面會非常尷尬。

（二）生日、祝壽

基本上，平輩朋友的生日（圖
7-14）考量其喜好及預算即可，
並無太大禁忌；年長者則除需考
慮實用性之外，也最好能選擇具
有長壽意義的禮品，若是餽贈食
物，應考慮受禮長輩的身體狀況
是否適合。

圖 7-14 生日

二、生病與受傷

探望病人或傷患時（圖 7-15），
如能準備一份別出心裁的禮物，
將能適度撫慰人心。建議應依照
對象的病情及傷勢來決定餽贈禮
物的種類：不管是美好細緻的花
禮或是讓對方感興趣的書籍，都
會是很好的禮物。

圖 7-15 探病

重　　點

摘　　要

1. 考慮自身預算及實用度來餽贈。
2. 餽贈長輩的禮物除考慮實用性，也最好能選擇
　 具有長壽意義的禮品。
3. 依照對象的病情及傷勢決定餽贈禮物的種類。

三、結婚儀式與紀念日

無論是華人社會或是西方的觀點，婚姻
都是一項神聖的人生里程碑，儘管順應
時代的變遷，婚禮已不像傳統那般的禮
俗繁複，但每位出席者都能為婚慶儀式
增添光彩，因此在學習禮儀的過程中，
婚慶相關禮儀有其值得學習的重點（圖
7-16）。

圖 7-16 結婚

1. 結婚儀式：我國一般的婚宴基本上
   以包紅包為主，金額會依照交情和
   設宴地點而有所變化；但若是好朋
   友的婚禮，不妨可以選上一份特殊
   的禮物，將更讓人印象深刻。
2. 紀念日：不管是家人、朋友和另一
   半的紀念日，建議可以選一份別具
   意義的禮物，不只能讓情感綿延，
   也能產生未來更多的共同話題。

重　點
摘　要

好友的結婚禮品，可選上一份特殊的禮物代替禮金，將
更讓人印象深刻。

四、泡湯禮儀

相較於臺灣，溫泉為日本人日常生活的
一部分，因此，了解並掌握溫泉禮儀，
除了能了解溫泉文化的底蘊，更能夠放
鬆心情，細緻地感受泡湯的美好氛圍
（圖 7-17）。

圖 7-17 泡溫泉

1. 正確的「浴衣」穿法：正確的穿法應該是左襟在上、右襟在下，當然浴
   衣底下不會再穿衣服。千萬別將左、右襟穿反，那就會變成喪服的穿法。

禮儀小補帖

在溫泉會館或附有溫泉的旅館中，可穿著浴衣到館內餐廳用餐。

2. 在泡湯前應該先上廁所：由於泡在水裡的時候，人體多少會不自覺的釋
   放出尿液，這時如果先上廁所也會維持泡湯池的乾淨程度。
3. 進入溫泉池之前，必須先沐浴：進入溫泉池前必須先沐浴沖澡，並且徹
   底搓洗乾淨，以保持溫泉的泉質和衛生；此外，先洗澡也能讓身體熱起
   來，能較快適應溫泉池水溫。值得注意的是，淋浴時請勿站立，以免將
   水花濺到旁邊的人，也不能在入溫泉池後搓揉身體。
4. 泡湯時必須全裸，若是長髮則要將頭髮盤起：日本的溫泉通常是全裸入
   池，只有極少數的允許穿著泳裝進入泉池，雖然這讓大部分的外國人都
   頗為尷尬不習慣，但畢竟入鄉隨俗，這樣也更能體會泡湯文化。此外，
   頭髮較長的話，必須要盤起來，以免落入池中，不僅有礙觀瞻，在泡湯
   文化中也是非常失禮的。

5. 切勿將毛巾、浴巾泡進溫泉池裡：不論毛巾、浴巾都切勿將其浸入池水，毛巾的最佳使用方式是將其摺疊後放在頭上。

6. 不要試圖調整水溫：我國的泡湯文化裡，「個人湯屋」是可以隨個人喜好調整水溫。但在日本的大眾溫泉裡是無法調整的。如果覺得過熱，可以坐高一點，待適應後再慢慢泡入池中。

7. 切勿注視他人身材：在泡湯時應避免注視他人身材，應該放鬆心情的泡溫泉為佳。

8. 紋身者無法進入大眾池泡湯：根據日本人的觀點，有紋身的人會被認為與黑社會有關，店家為了不讓自己的店鋪被認為與黑社會有關，因此會謝絕紋身者於大眾浴池泡湯（圖 7-18）。

9. 泡湯應量力而為：泡湯前應瞭解泉質以及評估自己身體狀況，以免發生意外。通常具有高血壓、胃潰瘍、懷孕或月事時的婦女、糖尿病或飲酒過量者會建議較不適合泡湯。

圖 7-18 紋身者無法進入大眾池泡湯

重　點
摘　要

1. 進入溫泉池之前，必須先沐浴。
2. 切勿將毛巾、浴巾泡進溫泉池裡。
3. 不刻意注視他人身材。
4. 泡湯應量力而為。

知識小書籤 浴衣小百科

顧名思義，浴衣（ゆかた）原是日本人在出浴後穿著乘涼的輕薄和服，既可適度蒸散入浴的暑氣，又可避免穿太少而感冒，對古早的日本人而言是相當實穿的家居服。隨著服裝西化，浴衣雖然漸漸從日常生活中退下陣來，卻仍是夏季不可或缺的風物詩。舉凡祭典、廟會、煙火大會等慶典場合，都不難看到年輕男女們穿著浴衣同遊的身影。

泡完溫泉穿的浴衣跟參加煙火大會穿的浴衣，看起來有點不同。就外觀而言，溫泉用浴衣花色簡單，繫在腰處的帶子較細，參加煙火大會或祭典穿的浴衣則是花色多元，尤其女用浴衣的帶子較粗，且會在背後紮一個漂亮的大蝴蝶結。

之所以會有這樣的差異，其中一個原因是，溫泉浴衣主要是在溫泉旅館內穿著，許多人也會穿著這種浴衣就寢，這種時候，如果把結打在背後，睡覺時會很不舒服，因此穿溫泉浴衣的時候通常會把結打在正面或側面。而煙火大會或祭典時穿的浴衣則是外出用浴衣，因此較注重外觀，著裝時的程序也比較複雜，要另外用繩子把浴衣綁緊，以免走一走散開，腰帶比起固定，比較偏向裝飾用的東西。

以下介紹入住日式旅館時常見的溫泉浴衣之穿法（圖 7-19）：

圖 7-19 浴衣穿法

步驟一

溫泉浴衣由於是室內穿著，只要大方向上沒有穿錯，就算不因循特定的著裝技法也不會有問題。

步驟二

唯一一個絕對不能弄錯的，就是衣領。如果衣領的方向弄反的話，就會變成過世的人所穿的衣服，相當不吉利。穿的時候，以「左上右下」為原則，先把右邊的衣領拉到左腰並壓緊，再把左邊的衣領拉到右腰。這麼一來別人看您身上的浴衣時，領子的部分會是「y字形」，就不會有問題了。穿浴衣時，男女最主要的差異是腰帶綁的位置。

1. 女生的腰帶綁在胸部下面一點點的地方，打結後轉到身體的側邊或後方。要

結在左邊或右邊都可以，結的種類也隨個人喜好，最常見的是方便簡單的蝴蝶結。

2. 男生的腰帶綁的位置比女生低一點，大約在肚子下緣、腰骨的上緣。打好結之後，再把結轉到背後即可。男生可以選擇打只有一隻翅膀的蝴蝶結，或隨便打個結再把多出來的部分藏到腰上那一圈帶子裡。想必許多男性朋友會覺得打太複雜的結很麻煩，因此原則上男性朋友只要確認自己的浴衣不會散開就可以了。

步驟三

溫泉浴衣腰帶的長度通常可以把自己纏兩圈，然打上結。繫腰帶的時候要好好拉緊，不然鬆掉或散開，都是非常尷尬的事。

步驟四

如果是冬天，店家除了浴衣之外，還會準備一件禦寒用的短外套，稱爲羽織，穿在浴衣的外面。雖然薄薄一件，但其實相當保暖。

| 重點摘要 | 1. 穿著浴衣時的衣襟爲「左上右下」，千萬不可穿反。
2. 浴衣上的腰帶，女性在腰上、男性在腰下。 |

五、參觀禮儀

博物館和美術館（圖 7-20）是收藏、展覽珍貴物品的場所。在參觀館藏增長知識之餘，也應該遵守相關禮儀。

圖 7-20 參觀美術館

1. 穿著應乾淨得體：場館內高貴的氣氛，和參觀者的服裝也會有所影響，因此參觀時，切勿穿著背心、短褲和拖鞋，也有非常大的機會被館方拒絕入場參觀。

2. 應保持安靜，勿高談闊論：為了讓所有參觀者都能享受藝術品和收藏品帶來的撼動，參觀應該保持安靜，切勿高談闊論、大聲喧譁（圖 7-21）。

圖 7-21 勿高談闊論

3. 勿隨意觸碰展品：展品都是非常珍貴的，甚至有些是絕無僅有的，任何觸碰都可能會對展品造成傷害（圖 7-22）。

4. 勿逗留於展品前過長時間：參觀人數較多時，應按順序邊看邊走，不宜在同一件展品前長時間停留，以免影響他人欣賞。

圖 7-22 勿隨意觸碰展品

5. 不能使用閃光燈拍照：如果場館允許拍照，也切忌不能使用閃光燈拍照，以免對館藏展品造成損壞（圖 7-23）。

6. 看展時若要超越他人應從身後走：如想超越前人時，應當從其身後走過。

圖 7-23 不能使用閃光燈拍照

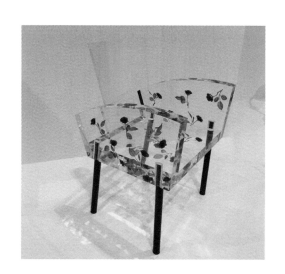

禮 儀 小 補 帖

參觀寺廟或教堂時，應注意個人服裝儀容，應穿著長褲、有袖上衣，以及包覆住全腳的鞋子，不可穿著短褲、迷你裙、背心、無袖上衣、拖鞋以及涼鞋；此外，進到室內時，應主動將帽子脫下，以表尊重。參觀動物園時，園區動物均有專業人員照料及管理，不應隨意餵食。

重 點 摘 要

1. 參觀時，切勿穿著背心、短褲和拖鞋。

2. 不可隨意觸碰展品。

CHAPTER **8**

工作禮儀

在出社會以後，最與生活密切相關的禮儀之一即是職場上的工作禮儀。初
入職場會遇到的人情世故總是比學生時代還來得多，本章將從成為職場新
鮮人開始的那刻起來介紹不同階段的工作禮儀（圖8-1）。

圖 8-1 辦公

學習目標

1. 了解在接受工作面試時所應該具備的態度與衣著禮儀

2. 了解什麼樣的態度與行為會影響你在辦公時的人際關係

3. 學習在辦公室應該具備的正確禮儀

4. 了解在離職時應該具備的正確態度與交接程序

第一節 面試禮儀

從進入求職過程的那一刻起，我們就身處於職涯舞台上，而不論失業率高還是低，雇主總是希望聘用最優秀的人才；也因此，沒有哪件事會比在求職面試環境中的第一印象更為重要。由於在面試的過程中，必須將自己的優勢精銳盡出，如何讓自己的知識、技能和能力獲得雇主的青睞，這也是為什麼必須準備出一份漂亮的履歷表和自傳。

履歷表和自傳是當企業在審查應試者資料時最能為你吸引目光的重要文件，因此履歷表的繕寫應該要特別設計一份具有創意、整潔俐落的格式與具有個人優勢重點的內容，以提高面試機會。

一、履歷表與自傳

履歷表與自傳的內容應力求簡明扼要，不須贅述過多不重要的資訊。以履歷表來說，如已寫明生日，就不需要寫上星座、血型等等；自傳的部分，則不需要寫出家住哪裡，或是在家裡子女排行老幾。

（一）履歷表

基本需要的內容如下：
1. 姓名。
2. 出生年月日與年齡。
3. 性別。
4. 連絡電話。

5. 通訊地址。

6. 最高學歷（不需要填寫國小、國中及高中學歷）。

7. 經歷（如果有，請清楚列出；如果沒有，打工與實習經驗也可以列出）。

8. 專長（例如：語言、文書處理、電腦繪圖或其它具有優勢的項目）。

9. 個人優勢（例如：抗壓性、細心、負責、適合在快節奏的環境下工作等等）。

10. 對所申請工作的預期貢獻與期望（也就是強調為什麼這份工作必須由你來做，你對企業的貢獻是什麼？以及在職涯上的自我期望等等——切勿提及只想把這份工作當成跳板，這會讓企業感到不愉快）。

（二）自傳

自傳即是能夠展現出個人寫作能力的重要文件，也可以說是履歷表的完整背景故事。儘管如此，自傳仍需力求簡潔有力，不應冗長。除此之外，語句不應過度自信，誠懇、熱情才是最重要的。

二、面試前的準備

面試前，除了要掌握自己的優勢與專長，也應該去事先蒐集所應徵企業的文化與背景，並和個人特色加以結合；此外，想想你過去的相關工作成就，以及如何透過具體的例子讓它們變得更為生動。同時，也可以請家人或朋友協助模擬面試情境，屆時才不會過度緊張而導致失常。

以下舉出幾個你在面試前，應該掌握的開放性問題：

1. 你可以為我們的企業帶來哪些幫助？

2. 為什麼想為我們工作？

3. 你認為自己在五年內能為我們的企業做出哪些改變？

4. 誰是你曾經遇到過最難以共事的人，以及為什麼？

5. 你最大的弱點是什麼？並且，你如何克服它？

6. 你打算如何實現自己的職涯目標？

7. 對你個人來說，薪資或工作類型哪個更為重要？

8. 你從過去的失誤中學到了什麼？

9. 你的學歷是否對你在職業的選擇上有所幫助？

10. 是否還有什麼應該讓我們知道的？如能掌握上述問題，將有助於面試官瞭解你的邏輯思考及潛力，離成功更進一步。

三、面試時的正確儀容與服裝

整體來說，面試時的儀容應該保持臉部俐落清爽，例如男性應將鬍子刮乾淨、女性則應上些許淡妝。面試服裝則以正式西裝、套裝並搭配皮鞋，女性則可選擇包頭鞋，並穿著絲襪。

（一）男性

1. 注意臉部清潔，建議將鬍子刮除乾淨，並找到適合自己的髮型（圖8-2）。

2. 可適量地噴抹香水或體香膏於動脈處（如耳後、脖子、手肘內側或手腕處），但切忌過度濃郁。

圖 8-2 將鬍子刮除乾淨

3. 面試服裝建議以西裝為主（長袖襯衫、繫領帶、深色長褲以及皮鞋）。

4. 承上，西裝色調應選擇深色系（避免過度亮面材質）、領帶長度應於褲頭上方約 5 公分處、襪子長度應該能遮住小腿為佳，最後皮鞋及皮帶則以配合西裝色系為主（圖 8-3）。

5. 有抽菸習慣者，面試前應充分保持口腔清潔，並注意口氣是否清新。

圖 8-3 面試服裝

（二）女性

1. 妝容應以淡妝為主，不應過度濃妝豔抹。

2. 可適量地噴抹香水或體香膏於動脈處（如耳後、脖子、手肘內側或手腕處），但切忌過度濃郁。

3. 面試服裝以兩件式套裝為較好的選擇（圖 8-4）。

4. 應著絲襪，並應注意有無脫線和破損；鞋子則以包頭式為佳。

5. 可適度添著配件飾品，但應不以超過三件為原則。

圖 8-4 兩件式套裝

四、面試時的正確應對態度

為了表現出對於應徵這份工作的熱情和尊重，應該提早幾分鐘抵達；不過，如果提前 10 到 15 分鐘抵達，請告訴接待人員說你會等到預定的面試時間。此外，在不同的面試行程之間，應保留一定的空檔時間，以免發生臨時情況造成延誤。

抵達面試會場時，要向你遇到的第一個人介紹自己，並告訴他們你在這裡的原因（例如：參加面試），並詢問面試會場怎麼走。永遠不要忘記應徵公司中的每個人都有可能是面試官，因此當你坐在等待區時，不要太過放鬆，即使是迎接你的接待人員也會對你留有印象。此外，在等待面試前，可以閱讀公司出版物（不可看時尚刊物或八卦雜誌），以獲得相關的資訊。

在每次面試的開始和結束時，如果面試官伸出手要和你握手時，千萬別為了自己微濕的手感到擔心，這是因為緊張而導致的手汗，一方面也能暗示出你對於爭取這份工作感到興奮。但如果手真的太濕，請在握手前簡單擦在褲子或裙子上。

當準備進行或結束面試時，都應該保持有自信的樣子行走，就算不是在接受面試，坐下時也都應該一直坐直，並與面試官保持目光接觸，並就對方提出的所有問題回應簡潔但完整的答案。對於面試官提出的問題，如只回答簡單「是」或「否」時，無助於讓面試官瞭解有關你的知識、技能或能力；有鑑於此，回答問題時，應將問題回答完整。

在面試過程中，應盡可能地放鬆以及面帶微笑，
並跟隨面試官的引導。在面試官獲得所有必要訊
息後，也應該避免不必要的談話。可以隨身準備
小型記事本（圖 8-5），以便將面試官的重要訊息
當場記下，也能讓人感到備受重視。在面試即將
結束前，面試官通常會詢問你對於公司或工作崗
位是否有任何問題。而在回答了你的問題之後，
面試官通常會起身、伸出雙手和你握手，並會告
訴你如有進一步的消息，他們會和你保持聯繫。

圖 8-5 小型筆記本

五、面試結束時的禮儀

當面試結束、站起來時，應將座椅輕輕靠攏，並帶著微笑向面試官說聲「謝
謝」。桌上如有提供紙杯，可一併帶離面試場所，以便企業安排下一位人
員面試；離開時，輕輕地將門帶上，不可在企業內作過多評論。

禮 儀 小 補 帖

在西方國家中，面試結束時，都應該言謝面試官的時間以及給了這個讓你探索
如何融入他們公司的機會。不過，口頭上的「謝謝」是不夠的。當開始面試時，
應該記下所有相關的人員姓名和頭銜，一旦結束面試，便可向這些人寫一封簡
短的感謝信。

而在這封感謝信中，應該明確的指出他（她）的姓名與頭銜並感謝他們的時間，
接著再告訴他們為什麼你想要這份工作，以及再次闡明你的技能和能力將如何
為公司的成功做出貢獻。如果在面試過程中，有忘記提到對於該崗位有幫助的
重要資格，也請在此時寫清楚。最後，表示你非常期待能收到他們的回覆，並

附註如果有任何需要，你也能隨時附上任何參考資料。

在發送感謝信後，如果遲遲沒有收到對方的回覆，也可以視情況撥通電話確認。這也暗示對方你對這個機會具有高度興趣並且充滿熱情；不過，也切記過於急躁，可以等個幾周再打電話確認，並應避開週間中最繁忙的星期一。

重　點　摘　要

1. 履歷表和自傳應具有創意，格式整潔俐落。
2. 面試時應保持乾淨儀容並穿著正式服裝。
3. 面試中回答問題時應該力求不疾不徐且條理清晰，展現個人自信。

第二節辦公室禮儀

職場倫理的形成涵蓋了企業文化、內部員工關係以及企業間的良性互動，其中，尤以高度與客戶接觸的行業爲甚。而掌握良好的辦公室禮儀能讓你贏得大多數人的好感，並且儘快融入其中，營造出良好的人際關係，並能讓職涯生活愉快有效率。

一、辦公室禮儀的基本原則

良好的辦公室裡儀有助於內部員工關係的向心力凝聚，而不論是主管或員工間均應相互尊重。

1. 維護良好的辦公室倫理：
 （1）職位較初階的應該尊重資歷較久的。
 （2）資歷較久的不應倚老賣老。
 （3）男女平權，切勿以言語或行爲對他人進行性騷擾（圖8-6）。

圖 8-6 男女平權

2. 應各盡職責本分，不應干涉或評論其他同事的工作內容。

3. 遇到不認識的同事或主管，都應面帶微笑打招呼。

4. 不宜和同事或朋友過度評論或批評他人是非。

5. 新進員工應該主動熟悉與學習辦公流程。

6. 工作獲得成就時，不應過度自誇，應該謙虛以對。

7. 有電話留言應該盡快回覆，以免影響業務進度。

8. 與客戶約定的會議或行程均應準時赴約。

9. 如果請假，應該與相關業務同事做好代理。

10. 不應在公司的電子郵件信箱中談論私事或批評公司。

11. 應積極參與公司辦理的活動，以增進人際關係與同事情誼。

12. 在職場中如果遇到不如人意的挫折時，應該主動尋求協助。

13. 在辦公室中應保持整齊俐落的服裝儀容，並可適時觀察可作為借鏡的同事或主管，然後見賢思齊、從善如流。

14. 擔任主管的職務時，應該要能充分掌握每項工作的重大進展，有助於成功掌握全局。

二、尊重外國同事

當辦公室有外國同事時，也應該體認到宗教之於對方國家的重要性：當然你應該避免討論宗教話題，但表達適度的尊重各種宗教規範也是非重要的，特別是伊斯蘭文化。

出外洽公時，應事先了解關於將要造訪地區之主要宗教的基本知識。此外，應特別注意避免辦理商務活動的時間。例如，在穆斯林世界中，每天會有

五次祈禱，並在星期五慶祝安息日；在以色列（以及猶太世界），商辦行號可能會在中午休業，並自星期五的日落至星期六的日落準備安息日。另一方面，商業交易也應該要注意各國宗教的節日或假日，例如猶太新年（Rosh Hashanah）、伊斯蘭齋月（Ramadan）、華人新年和暑假等等；信奉羅馬天主教的國家則須注意基督頓悟日（Epiphany of Christ），主升天日（Ascension of Christ）和諸聖節（All Saints' Day）等等。

三、如何應對難搞的主管

如果你覺得自己的「老闆不是人」，那就想想他或她為什麼能夠擔任這個職務。如果僅因為你必須按時上班、需要獲得授權才能休假、執行高品質的工作、迎合令人難以忍受的客戶與難相處的同事互動，這些都不表示著你在工作中受到虐待或是沒有價值。不過，遇到難搞的主管時，也許可以採取以下措施來調整自己的工作步調：

‖ 不要讓挫折感影響自己，盡你所能的繼續完成工作。

‖ 不要隨意批評，也不要讓情緒控制你的行為。

‖ 如果主管行為不當時（例如：性騷擾或要求過分加班），可適時記錄主管的行為，並將此訊息提供給人力資源部門處理。

‖ 在主管進行你的績效評估時，試圖進行充分的溝通。

‖ 仔細看看自己的工作成果是否不夠令人滿意，才讓主管因此有機會如此挑剔。

‖ 隨時保持履歷表的更新，可讓你在想換工作時以備不時之需。

‖ 如果情況無法改善，應在辭職前先找好另一份工作。轉職會比待業來得更為容易。

四、妥善處理辦公室文化

辦公室政治是職場生活的一部分,你遲早都會參與其中。辦公室文化是非常強大的,就像政治一樣,當有人試圖在工作中尋求權力時,都可能會導致一連串的問題。儘管如此,辦公室中的八卦流言,應把它視作工作的一小部分,因為一個小小的八卦也許很有趣,但當它不小心失控時,可能會造成同事間的情感傷害並破壞關係。因此,以下列出幾個妥善處理辦公室文化的步驟,透過採取正確的應對方式來維護自己的工作權益:

‖ 幫助公司和同事實現共同目標。

‖ 在所有與同事的互動中,表現出積極的一面,建立起專業正面的形象。

‖ 不要批評或貶低同事。

‖ 當你獲得一些傳聞時,不要再次散布出去。

‖ 不要在工作中樹立敵人或是勾心鬥角,因為往往會適得其反。

‖ 把私人問題留在家裡。要記得,只要是你在工作中談到的任何事情,都不可能長久保密。

禮 儀 小 補 帖

1. 如果遇到直屬主管提出不合理的要求或騷擾時,應即時向上級反應,不應獨自隱忍。

2. 辦公環境中的同事來自四面八方,價值觀也因此不盡相同,假如和同事起了衝突,應該掌握「學會控制自己」、「試圖了解對方」以及「不要太快解決問題」等三大原則,以防止衝突進一步升溫。

（1）學會控制自己

　　應該創造一種能促進開放式溝通的氛圍，不管是讓彼此在提出問題、令人厭惡的想法甚至是解決問題時都能感到很自在，也較能創造雙贏。試圖控制自己的情緒，盡量不發脾氣，透過深呼吸、呼氣的方式讓情緒降低，不要因為生氣或試圖策劃報復而消耗你的心力。不要訴諸威脅或試圖強迫大家同意你的意見，應該倡議每個人都可以一起去努力實現的最大公約數。如果情緒過於高漲，可以暫時離開或稍後回電，以便彼此「冷靜一下」。發現沉默的力量，不要過度打擾彼此，避免在冷靜期間中再次被騷動，可利用時間來了解自己，仔細聆聽內心的聲音。即使你認為是對方造成了這個問題，也不要屈尊俯就。在鬥爭的過程中，應相信自己的明智選擇：從長遠的角度來看，就算你在短期中獲勝，但可能造成大家認為你的個性過於好鬥，有可能造成大家不想與你合作。學會接受批評，這是因為大多數批評並不都是針對你一個人而來，即使它看起來是有針對性的，但也應試著將其視為特殊情況。

（2）試圖了解對方

　　不要隨便批判他人。遇到衝突時，應設法創造雙贏的解決方案。仔細聆聽對方所說的話，並透過尋求彼此的最大公約數和相互理解來解決。提出問題，並稍作解釋，以確保你了解對方的立場和感受。如果可以接受的話，可允許對方適當地發洩幾分鐘，因為大多時候對方的情緒並不是針對個人的，而是一種減輕挫折感的方法。

（3）不要太快解決問題

　　在提出未經彼此同意的建議或想快速解決衝突之前，請務必了解對方的想法。不要太過努力或快速達成協議。這樣會讓對方覺得你完全不想傾聽和瞭解彼此。

知識小書籤　性別平等

在性別平等方面，世界上許多地方都仍尚未遵循與西方國家相同的做法，也許國際禮儀中的文化差異相較起以男性主導的社會更難以辨別。不過在中東、亞洲和北非的伊斯蘭國家中，性別差異是非常顯而易見的；在拉丁美洲和南歐國家則存在著些許，如果能夠掌握下列原則，也許能夠適時的化解掉性別差異的尷尬時刻。

穿著應配合國情、適時保守不做出任何可能被解讀為調情或挑逗的行為。避免過多的珠寶、粉味重的香水、濃妝與鮮豔的指甲油以及過度浮誇與設計的髮型。例如在伊斯蘭國家中，女性應該穿著覆蓋肘部和膝蓋的服裝，並以高領上衣為主。在佛教國家裡，女性不應穿無袖、短袖上衣和短褲。在所有國家中，則應作專業人士打扮，以得到相對的待遇。

適度過濾社交邀請，除非妳知道邀請的對象以及邀請的原因。因為在某些場合中，可能會不經意地發生增加曖昧程度的氛圍；同時，除非是家庭聚會，否則不要接受對方邀請在家中或與外國同事的單獨邀請，要懂得保護自己。

五、辦公室的電話禮儀

當你在開會或與他人會面時，接聽電話是非常不禮貌的。可以的話，應該將您的電話請代理人接，或是轉成語音信箱；但如果你必須接聽這通電話，也應在會議開始前禮貌告知他人說你等等預計會有電話，並且必須在接聽電話時向他人說聲不好意思。

除了接聽來電時應力求不讓電話鈴響超過三聲；在轉接來電時，應該按下保留轉接鍵或遮住話筒，以讓來電者聽不到公司內部情況為原則。此外，總機接待人員應該熟悉各部門分機號碼，以利業務執行。

1. 不應讓電話鈴響超過三聲。

2. 接聽電話時，語調應該熱情開朗，以讓來電者對公司留下好印象。

3. 打電話時，應該清楚報上自己的公司、單位與姓名，以方便對方確認。

4. 辦公室電話應避免撥打私人電話。

5. 開會時，應將個人手機調為靜音或關機，以免妨礙會議進行。

如果要離開辦公桌一段時間或休假，也應該在你的語音信箱和電子郵件中留下「離開訊息」。除了可以簡單地說明你將離開辦公室一段時間，也能留下緊急情況下應聯繫的人員姓名和電話號碼。此外，在辦公室接聽電話應避免使用擴音，而可以透過舒適，優質的耳機來釋放雙手。

六、隱私權

因每個人都有自己各自的煩惱與私人領域，在不了解對方底線時，不應過度窺探同事的身家背景或健康、感情或家庭生活，以免影響同事情誼。此外，在工作中運用與蒐集個人資料時，應秉持盡到充分告知的義務、做好安全加密的機制、不逾越職權以及按實際需求進行資料的使用。

重　點 摘　要	1. 主管與員工間均應相互尊重，並維護良好的辦公室倫理。 2. 不干涉或評論其他同事的工作內容。

禮 儀 小 補 帖

辦公室戀情問題為職場人際關係的維持提供了另一個挑戰。在過去的幾十年
裡，許多企業都採取嚴格的政策來反對辦公室戀情，例如部分企業明言禁止。
然而，隨著社會風氣的開放，現在的辦公室戀情也比過去更為普遍，在辦公室
中遇到自己的真命天子（女）也並非不再不可能。這是因為工作場所是一個不
具威脅性的場所，由於同事間往往已有一個共同的「目標」（也就是工作任
務），也因為能夠很心無罣礙的和對方相處，進而發現彼此相似的共同興趣和
背景，這也是為什麼辦公室戀情的成功率高於任何其他約會方式。

然而，辦公室戀情也有其問題。辦公室戀情的最大危機是可能會受到性騷擾指
控。更常見的問題像是同事間的八卦、對於職員偏袒，以及分手後的尷尬情況
等等。因此，辦公室戀情仍是必須審慎思考的問題。

第三節 離職與交接禮儀

每個人的職場生涯裡，絕大多數都不會只做過一份工作，無論讓你離開這
份工作的原因是什麼，都應該了解離職時的正確態度，並辦理好職務交接，
以免影響公司的業務發展，給人留下不好的印象。

一、離職時機

有意離職時，不應該在公司內或與同事高談闊論，如果希望銜接下一份工
作，則應該暗中注意工作機會，再循下列法規時程向公司提出離職申請：
  1. 工作滿三個月至未滿一年者，應於十日前提出。
  2. 工作滿一年至未滿三年者，應於二十日前提出。
  3. 工作滿三年以上者，應至少於一個月前提出。

二、離職注意事項

離職前除了應秉持同樣的熱情完成最後的工作進度,也應列出工作項目交接清單和同事交接,讓業務繼續執行。

1. 應歸還公司分配的財產及相關耗材,不應私自帶走。
2. 離職時,不應和公司故意搶客戶,不符合商業道德規範。
3. 離職前,應和往來客戶答謝,並轉知客戶業務交接人。
4. 離職後,也應適度讓原公司業務交接人聯繫,以免交接人不熟悉業務,影響業務執行。

三、離職禮儀

離職時,應給予業務交接人員適度的鼓勵,並向公司主管和同事答謝,讓大家留下好印象。

1. 對於經常給予指導的主管或幫忙的同事,不妨選一份別出心裁的小禮物表達個人謝忱。
2. 離開公司前,應將辦公環境整理乾淨,留下美好的句點。

重點摘要

1. 離職前應秉持同樣的熱情完成最後的工作進度。
2. 離職前應列出工作項目交接清單,以便和同事交接,讓業務繼續執行。

CHAPTER 9

國
際
禮
儀

國際禮儀的發展是透過風俗習慣與生活慣例的演進與延伸發展而來（例如蘇格蘭的男士仍習慣著長裙、因人際交往而產生的握手與名片交換禮儀等等），並以歐美國家文化爲其主要內涵。當代國際禮儀的最大特色則融合了各個國家的多元且獨特的文化，尤其在這個全球化的世代，來自不同國家間不同族群的禮儀和習俗都應該尊重看待。原則上來說，各國的文化風俗及其社會政治制度都是各國人民長久以來的共同命運與抉擇，因此在面對任何國家及地區之文化時，都不應該將自我意識加諸於他國之上，尤其在宗教習俗方面更應該全然尊重（圖 9-1）。

圖 9-1 異國觀光

學習目標

1. 了解準備行李的原則與要點

2. 了解出入境的基本注意事項

3. 學習各國文化之差異

4. 具備具有國際視野的包容與尊重心

儘管如此，禮儀和習俗的
多元化並非代表較屬特殊
的文化習俗（例如紋面、
頸環等等）也會躍上一般
國際交流場合之中。因此，
所謂的禮儀多元化仍是以
國際社會共通的禮儀為主
要依歸，但會依照各國之
間的主流價值觀而稍做調
整與變化。

第一節 出國旅遊

出國旅遊是一件令人開心的事情，不只是可以一覽各國的獨特文化與美麗風景，也能更加透過旅行來進行自我探索。因此，為了讓行程順利，應該掌握行李的準備要點，並了解各國之出入境與轉機注意事項，以免出差錯而受到延誤，敗興而歸。

一、護照、簽證與行李準備

（一）護照

1. 規劃行程以及訂機票前應該儘早確認護照（圖 9-2）有效效期是否在 6 個月以上，我國護照效期為 10 年，尚未履行兵役義務的男性護照效期為 3 年。

2. 在國外期間，會有很多場合需要出示護照，例如至餐廳用餐、點酒，甚至是辦理退稅，護照都被視為個人在國外的有效身分證明文件，辦理護照之詳細資訊可以至外交部領事事務局網站（https://www.boca.gov.tw）查詢。

圖 9-2 護照

（二）簽證

出國前除了應該了解欲前往的國家
或地區的簽證規定之外，由於各國
簽證及移民法規仍常有異動，請在
出發前向相關國家之我國駐外代表
機構確認（圖 9-3）。

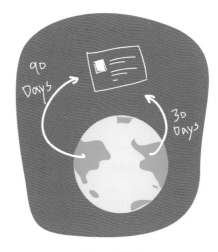

圖 9-3 簽證

1. 國人可以免簽證方式前往之主要國家或地區：

	國家/地區	可停留天數
亞太地區	關島 Guam	45/90 天
	印尼 Indonesia	30 天
	日本 Japan	90 天
	韓國 Republic of Korea	90 天
	澳門 Macao	30 天
	馬來西亞 Malaysia	30 天
	新加坡 Singapore	30 天

西亞地區	國家/地區	可停留天數
	以色列 Israel	90 天

美洲地區	國家 / 地區	可停留天數
	加拿大 Canada	180 天（必須事先上網申請「電子旅行證（eTA）」）
	秘魯 Peru	180 天
	美國 USA（包括美國本土、夏威夷、阿拉斯加、波多黎克、關島、美屬維京群島及美屬北馬里亞納群島。不包括美屬薩摩亞）	90 天（停留天數自入境當天起算，須事先上網取得「旅行授權電子系統 （ESTA）」授權許可）

歐洲地區	國家 / 地區	可停留天數
	奧地利 Austria	
	比利時 Belgium	
	捷克 Czech Republic	
	丹麥 Denmark	停留日數合併計算，每 6 個月期間內總計可停留至多90天
	芬蘭 Finland	
	法國 France	
	德國 Germany	

國家 / 地區	可停留天數
希臘 Greece	
匈牙利 Hungary	
冰島 Iceland	
義大利 Italy	
盧森堡 Luxembourg	
摩納哥 Monaco	
荷蘭 The Netherlands	
挪威 Norway	停留日數合併計算，每 6 個月期間內總計可停留至多90 天
波蘭 Poland	
葡萄牙 Portugal	
斯洛伐克 Slovakia	
斯洛維尼亞 Slovenia	
西班牙 Spain	
瑞典 Sweden	
瑞士 Switzerland	

歐洲地區

以下國家／地區之停留日數獨立計算

國家／地區	可停留天數
英國 U.K.	180 天
愛爾蘭 Ireland	90 天
保加利亞 Bulgaria	每 6 個月期間內可停留至多 90 天
克羅埃西亞 Croatia	每 6 個月期間內可停留至多 90 天
賽浦勒斯 Cyprus	每 6 個月期間內可停留至多 90 天

2. 國人可以落地簽證方式前往之主要國家或地區：

亞太地區

國家/地區	可停留天數
馬爾地夫 Maldives	30 天
尼泊爾 Nepal	30 天
帛琉 Palau	30 天
泰國 Thailand	15 天（需事先上網填寫簽證申請表）

非洲地區

國家/地區	可停留天數
埃及 Egypt	30 天

美洲地區

國家／地區	可停留天數
牙買加 Jamaica	至多 30 天

3. 國人可以電子簽證方式前往之主要國家:

國家/地區	可停留天數
澳大利亞 Australia	可透過指定旅行社代為申辦並當場取得一年多次電子簽證,每次可停留 3 個月
印度 India	於預定啟程前至少 4 天上網申請電子簽證,費用為每人 80 美元
菲律賓 Philippines	事先上網申請「電子旅遊憑證」(Electronic Travel Authorization, ETA),停留期限30 天
土耳其 Turkey	事先上網申請單次入境之「電子旅遊憑證」,可停留 30 天
阿拉伯聯合大公國 United Arab Emirates	凡我國人全程皆搭乘阿聯航空並經杜拜轉機超過4小時,可於該航空公司網站申辦 96 小時過境電子簽證

完整簽證資訊請上外交部領事事務局網站(https://www.boca.gov.tw)查詢。

知識小書籤

在國外撥電話回臺灣時，可以『+』代替當地國際冠碼。手機直撥時，以『+886』加臺灣市話（區碼 0 不需輸入）或手機號碼（第一碼 0 不需輸入）。

例如：打電話回臺北市話時，應撥打 +886 2 XXXX XXXX （臺北區碼僅需輸入 2）；打電話回臺灣行動電話時，應撥打 +886 9XX XXX XXX （手機號碼第一個 0 省略）。

（三）海外旅遊平安保險

出國前請先辦妥旅遊平安、海外醫療及國外旅遊加值型保險（包含住院醫療、各種急難救助及國際支援服務），同時檢視保單內容是否與投保項目吻合（圖 9-4）。

圖 9-4 海外旅遊平安保險

（四）行李準備

行李的準備依照該次旅程的內容而有所不同，並依照個人情形準備個人藥品或其他私人用品，並以輕便為主，以免超過航空公司的托運重量限制，造成額外托運行李費用的支出；行李箱的選擇，應該選用材質較堅固、耐壓的材質為佳（圖 9-5）。

圖 9-5 行李準備

以下為基本的行李準備清單：

機票	護照、臺胞證、簽證	護照備用照片
旅行日程表	海外旅遊平安保險保單	當地貨幣
信用卡	當地消費水準	手機（電池、充電器）
電腦	相機（電池、充電器）	萬用插座
旅遊指南、地圖	文具用品	名片
拖鞋	帽子	小型衣架
雨傘	輕便雨衣	腰包
盥洗用具	毛巾	刮鬍刀
化妝品、保養品	保濕用品	指甲刀、萬用刀
生理用品	手帕、衛生紙	洗滌用品、洗衣粉
針線包	塑膠袋、夾鏈袋	安全別針
安眠眼罩	口罩	鬧鐘
扇子	購物袋	小水瓶、保特瓶
手電筒	太陽眼鏡	環保餐具

禮 儀 小 補 帖

不同於旅遊平安險，旅遊不便險是讓你在旅程
中遭遇班機延誤、行李遺失的窘境時獲得保障
的保險服務。

二、出入境與轉機注意事項

（一）出境

1. 出境流程

（1） 辦理報到

（2） 托運行李

（3） 安全檢查

（4） 護照查驗

（5） 登機

圖 9-6 液體、膠狀及噴霧類物品裝於可以重覆密封之透明塑膠袋

圖 9-7 含鋰電池之電子用品不可托運

2. 行李注意事項

行李托運手續

（1） 於報到櫃檯辦理報到手續及行李託運時，應確定行李已通過 X 光機之檢查，才可離開櫃檯。

（2） 赴美國的旅客免費託運行李為每人兩件，每件限重 23 公斤。

（3） 原則上，往其他國家地區的旅客之免費託運行李是按重量計算，頭等艙、商務艙 30 公斤、經濟艙 20 公斤。但各航空公司行李託運規定不同，詳細資訊請逕洽航空公司。

（4） 隨身行李尺寸限制：長 56 公分、寬 36 公分、高 23 公分。

（5） 身上或隨身行李內所攜帶之液體、膠狀及噴霧類物品之容器，其體積不可超過 100 毫升。

（6） 若隨身行李未超過 100 毫升，所有液體、膠狀及噴霧類物品均應裝於可以重覆密封之透明塑膠袋內，並於安全檢查時主動放置於置物籃內通過檢查人員目視及 X 光檢查（圖 9-6）。

（7） 含鋰電池之電子用品（如筆電、平板電腦、行動電源等）不可托運，必須放在隨身行李上飛機（圖 9-7）。

知識小書籤

飛機路徑往太平洋時，免費行李數為計重不計件，例如飛日本、東北亞及東南亞的航班，行李總重不超過航空公司所規定公斤數的情況下，可托運一至兩件行李；飛機路徑往大西洋時，免費行李數為計件制，例如美國、加拿大。惟實際免費行李托運規定仍依各航空公司規定為準。

3. 自動通關

為方便民眾能夠快速完成出境手續，目前我國機場均設有「自動查驗通關系統」（E-Gate）服務，減少出境時傳統護照查驗手續的時間（圖9-8）。

圖 9-8 自動通關

辦理方式

1. 外交部領務局

於一樓申辦。申辦時間：星期一至五 12:00~16:00

2. 松山機場

　（1）入境查驗櫃檯（管制區內）：全天候申辦（以航班時間爲主）

　（2）出境查驗櫃檯：申辦時間 08:00 至 18:00

　（3）第一航廈 1 樓出境大樓（管制區外、7-11 旁）：申辦時間 08:00 至
　　　18:00

2. 桃園機場

　‖ 第一航廈

　（1）出境大廳 12 號報到櫃檯旁移民署櫃檯（非管制區）：申辦時間
　　　06:30 至 22:00

　（2）出境 3 樓移民署櫃檯（非管制區 / 臺灣銀行外幣兌換櫃檯旁）：申
　　　辦時間 06:30 至 22:00

　（3）入境證照查驗區（管制區內）：申辦時間 10:00 至 23:00

　‖ 第二航廈

　（1）出境大廳 19 號報到櫃檯前移民署櫃檯（非管制區）：申辦時間
　　　06:30 至 22:00

　（2）入境證照查驗區（管制區內）：申辦時間 10:00 至 23:00

3. 臺中國際機場

　（1）入境查驗櫃檯（管制區內）：申辦時間 09:00 至 20:00

　（2）出境查驗櫃檯（管制區內）：申辦時間 07:00 至 18:00

4. 高雄小港國際機場

　（1）入境查驗櫃檯（管制區內）：申辦時間 08:00 至 22:00

　（2）高雄機場 1 樓服務檯（管制區外、臺銀旁）：申辦時間 05:15 至
　　　17:00

5. 動植物檢疫

（1）攜帶動植物或其產品出境，應依照欲前往國家之檢疫規定辦理，請於出國前自行瞭解該國規定。

（2）各項檢疫規定，可洽詢農委會動植物防疫檢疫局。

‖ 服務電話

第一航廈 03-3982264

第二航廈 03-3983373

6. 其他注意事項

（1）貨幣限制

新臺幣：出境旅客攜帶新臺幣以 10 萬元為限，超過限額時，應在出境前先向中央銀行發行局申請核准，並持憑據向海關申報，經查驗後放行；超額部分未經核准，不准攜出。未申報者，其超過新臺幣 10 萬元部分沒入之；申報不實者，其超過申報部分沒入之。

‖ 人民幣：旅客攜帶人民幣出境以 2 萬元為限，超過限額者，應主動向海關申報；出境旅客雖申報，仍不准攜出。未申報者，其超過人民幣 2 萬元部分沒入之；申報不實者，其超過申報部分沒入之。

‖ 外幣（含港幣、澳門幣）：旅客攜帶外幣出境超過等值美幣 1 萬元者，應向海關申報。未申報者，其超過等值美幣 1 萬元部分沒入之；申報不實者，其超過申報部分沒入之。

‖ 有價證券：指無記名之旅行支票、其他支票、本票、匯票或得由持有人在本國或外國行使權利之其他有價證券，旅客攜帶有價證券出境總面額逾等值美幣 1 萬元者，應向海關申報。未依規定申報或申報不實者，科以相當於未申報或申報不實之有價證券價額之罰鍰。

‖ 黃金：所攜黃金總值逾美幣 2 萬元以上者，應向經濟部國際貿易局申請輸出許可證，並向海關辦理報關驗放手續。未申報或申報不實者，處以相當於未申報或申報不實之黃金價額之罰鍰。

┃ 其他有洗錢之虞之物品：攜帶總價值逾等值新臺幣 50 萬元，且超越自
用目的之鑽石、寶石及白金者，應向海關申報。未申報或申報不實者，
處以相當於未申報或申報不實之物品價額之罰鍰。若總價值逾美幣 2 萬
元者，另應向貿易局申請輸出許可證，並向海關辦理報關驗放手續。

（2）禁止攜帶文化資產保存法所規定的古物

（3）禁止攜帶槍砲彈藥管制條例所列之槍砲、彈藥與刀械

（4）禁止攜帶觸犯智慧財產權之物品

（5）禁止攜帶毒品危害防制條例所列毒品

（二）入境

1. 入境卡：入境各國通常需填寫並繳
交入境卡，而通常入境卡在飛機上
就會由空服員發放給旅客填寫，以
節省抵達機場後才填寫的等待時間，
因此最好在飛機抵達前就應填寫完
成（圖 9-9）。

圖 9-9 入境卡

2. 菸酒攜帶限制：年滿 20 歲者，可攜帶酒類 1 公升、菸 200 支為限，如
有超量，應向海關申請辦理課稅。

（三）轉機

1. 過境轉機時，應注意再次登機的登機門資訊與登機時間，以免延誤起飛時間。
2. 再次登機時，隨身行李會需要再次經過 X 光檢查，因此應避免在免稅店購買尖銳物品或酒水，以免造成不便。

（四）旅遊健康注意事項

1. 評估健康情況：出國前，如有身體不適症狀，應該盡快就醫並評估身體狀況是否出國；此外，兩周內曾接受過心臟手術者及孕期達 36 周孕婦請勿搭機。
2. 準備個人藥物：應該準備個人習慣之常用藥物，以俾在國外緊急時使用，也可請醫師開立英文處方箋，以備不時之需（圖 9-10）。

圖 9-10 個人藥物

3. 了解欲前往國家之衛生情況：行前應確認欲前往之國家或地區之衛生情況為何，是否有傳染病；如欲前國家蚊蟲較多，應著長袖衣物，避免蚊蟲叮咬傳染疾病。
4. 注意當地飲食衛生：旅遊期間，應避免生食及飲用自來水，並勤洗手，以防細菌感染。
5. 留意返國後的健康情況：返國後如有身體不適情形（例如：嘔吐、腹瀉、皮疹、淋巴腫大等），應立即就醫，並告知醫師旅遊史，以便評估診療。

三、小費禮儀

在西方，小費的多寡通常多少會影響
服務的好壞，因此，出國前必須了解
當地的小費給予情況，以免敗興而歸
（圖 9-11）。

圖 9-11 小費

（一）餐廳的小費禮儀

原則上，當有服務生主動為你服務時，並過來詢問點菜的餐廳都是要付小
費的；若是在速食店用餐，例如麥當勞、肯德基等，或是百貨公司、購物
中心裡的美食街（Food Court），都是可以不用付小費的。

（二）用信用卡付小費

在信用卡（圖 9-12）單上一般有三項
金額的欄位，分別是消費金額（Base
Amount）、小費（Tips）及總金額
（Total）。一般店家僅會在簽帳單上
印出原本的消費金額，並在小費欄
與總金額欄留白，這時可根據意願在
「小費」欄位填寫想給的金額，加總
以後再填入「總金額」欄內，最後再
簽名；若不想給小費，就在小費欄上
打 X，並由自己填上總金額，並確認
總金額無誤即可。

圖 9-12 信用卡

（三）該付多少小費

以美國為例，儘管每州不盡相同，但通常來說，午餐是 10 ～ 15% 的小費，晚餐則是 15 ～ 20% 的小費，才不至於失禮。此外，建議可換多張美金一元紙鈔，在餐廳結帳後可直接投入小費箱（Tip Box）；每日早上則可放美金一至兩元紙鈔於枕頭下。

禮儀小補帖

小費應以紙鈔方式給予，餐廳小費箱可投零錢，不過在飯店或是泰國的按摩店的小費不宜以硬幣零錢給予，以免和乞討的意涵連結。

（四）坐計程車付的小費

通常是車資的 15%；另外，美國常見的交通工具「Shuttle」，如果司機特別幫忙卸下行李，可以多付一元小費，並依行李件數不同給予相應程度的小費。例如：一件行李給予美金一元、兩件行李給予美金兩元，以此類推。

知識小書籤 小費的由來

有一說是源自於 18 世紀的英國倫敦，當時在餐廳的桌上都會擺著一個碗，並註明 to insure prompt service（保證服務迅速）的字樣，當客人將零錢投入碗中，服務生也會相對地提供更加迅速且周到的服務（圖 9-13）。

圖 9-13 小費

<table>
<tr><td>重　點
摘　要</td><td>1. 遵守各國出入境相關規定。
2. 充分了解各國的小費禮儀，入境隨俗。</td></tr>
</table>

第二節 國旗懸掛禮儀與各國文化禮俗

基本上的原則以右為尊，左邊次之；以地主國國旗為尊，其他國家國旗次之。因此，如果在國外將我國國旗與駐在國國旗同時懸掛時，駐在國國旗應居右，我國國旗則居左。並可視室、內外情況不同，而有不同的懸掛或擺放方式。

一、國旗的懸掛禮儀

（一）室內懸掛

1. 國旗大小並沒有明確規定，應視擺放場所的面積及環境而調整。
2. 桌上擺設旗座式國旗時（例如簽約、國際場合），基本上依國際禮儀的「尊右原則」，以賓客國居左，地主國居右為宜（圖9-14）。

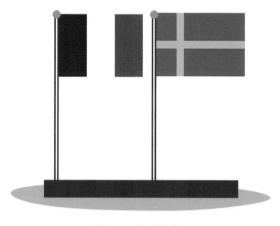

圖 9-14 坐式國旗

（二）室外懸掛

1. 於門口懸掛國旗時，應以 30 度懸掛於門楣的左上方（由門外向內看的左邊）圖（9-15）。

2. 汽車車頭懸掛的國旗，以 2 號國旗（24×36 公分）為準，並懸掛於汽車前方保險桿的右側尖端。如有兩國國旗，則分別懸掛兩側，仍依照「尊右原則」：地主國之旗居右，外國國旗則居左（圖 9-16）。

圖 9-15 門口懸掛國旗　　　　　　　　圖 9-16 汽車車頭懸掛國旗

（三）多國國旗並列

1. 當多國（十國以上）國旗並列時，以國名的英文字母為次序，依次排列；惟地主國國旗應居首位，也就是排列於所有國家國旗的最右（面對國旗時觀眾的最左方）。

2. 十國以下雙數國旗並列時，地主國國旗應置於中央之右，其他國家則依字母先後分居地主國左右。單數國旗並列時，地主國國旗應放置於中央的首位。

知識小書籤 瑞士國旗的意義

每個國家所代表的國旗都有其隱含的意義，而你了解瑞士國旗的背後的意義嗎（圖 9-17）？

瑞士國旗的發展可追溯至西元十三世紀神聖羅馬帝國時代。瑞士國旗的視覺構成以象徵人民勝利、幸福和熱情的紅色爲背景，並在正中間輔以一個整齊的代表國家和平、公正和光明的白色十字，並以此象徵國家的統一。特別值得一提的是，在全世界的國家裡，僅有瑞士和梵蒂岡教廷的國旗爲正方形國旗。

圖 9-17 瑞士國旗

重點
摘要

1. 國旗懸掛以賓客國居左，地主國居右。
2. 當多國（十國以上）國旗並列時，以國名的英文字母爲次序，依次
   排列；惟地主國國旗應居首位，排列於所有國家國旗的最右。

二、走訪海外前的準備

多元的文化和習俗為國際禮儀帶來各種新的趨勢與變化。而到訪異國之際，當然一切新鮮、有點冒險，什麼都可以讓人感到非常新奇、有趣；不過，無論你多麼地有經驗，隻身在他鄉往往會有點壓力，甚是很可能在無意中冒犯到外國朋友或同事。有鑑於此，在出發前，也應該做好相對的心理準備，以讓自己在外能夠迅速融入當地生活，留下美好的回憶。

1. 對文化差異有感：熟悉其他文化，用心去感受，並尊重文化差異。

2. 事前閱讀旅遊目的地的風土民情：與在該國居住過的朋友聊聊，或是諮詢專業領隊導遊或旅遊書。並且至少要能夠掌握住基本的、常見的行為，例如：寒暄問候、傳統儀式、一般舉止以及非言語行為。可能的話，也應該嘗試了解不同文化的「隱藏價值」。換句話說，如果你能對一個國家的經濟發展、工業、政治、政府、宗教、哲學、歷史、象徵、傳統以及社會結構的了解越多，你也更能在生活上游刃有餘。

3. 不恥下問：有疑問時，可以主動請教當地人，這樣一來，也能讓當地人認為你對於他們的文化是有興趣的，並且願意相互尊重。

4. 跳脫刻板印象：並非所有來自同一國家或文化的人都會有相同的人生或言行舉止，也因此，要更能有開放性思考以及靈敏度來面對旅途中的各種驚喜。

5. 懂得享受「國際」視野：應跳脫以種族為中心的狹隘觀點來看世界，並用寬廣的心來接納與學習各國文化的內涵，調整多元的文化觀點。

6. 妥善計劃行程：世界各地的營業與辦公時間大相逕庭，應在事前根據當地習俗進行行程安排和相關預約事宜。

7. 注意慣用語或行話：多多留意在我們自己母語中常見的表達方式和術語，如何妥善翻譯，達到有效溝通，也是非常重要的。

三、經常旅遊國家之文化禮俗

（一）日本

1. 避免外帶食物有問題，日本的
   餐廳通常不提供打包服務。
2. 用餐時，切忌將筷子直接插入
   飯裡（圖9-18）。

圖 9-18 切忌將筷子直接插入飯裡

3. 日本人的觀點認為東西若邊走
   邊吃，除了可能引起消化不良，
   也可能產生垃圾問題，因此在
   日本的街頭很少有人直接邊走
   邊吃。
4. 享用壽司時，應該一口吃掉。
5. 在餐廳用餐時，如遇榻榻米裝
   潢，應該脫鞋，並將鞋尖向外
   擺放整齊（圖9-19）。

圖 9-19　鞋

6. 搭乘大眾交通工具時，應保持
   安靜，切勿大聲喧嘩或講電話。
7. 日本人相當注重隱私，因此不
   應在街上隨意拍攝路人。
8. 日式「壁龕」，通常用來放置
   貴重的盆景或藝術品，不可在
   這坐下（圖9-20）。

圖 9-20 日式「壁龕」

（二）韓國

1. 初次見面時，通常會以點頭或鞠躬表達致意。
2. 避免直接用手指指向對方。
3. 非常重視輩分，如以韓文對談應使用「敬語」。
4. 後輩喝酒時應將頭轉向另一邊再喝；幫朋友斟酒時，必須雙手握住酒瓶。
5. 搭乘大眾交通運輸工具應敬老尊賢，避免佔用博愛座。
6. 結帳時應將信用卡或現金直接交到店員手上，避免放在櫃檯桌上。
7. 韓國風氣較保守，如有刺青，應避免直接露出。
8. 與長輩吃飯時，應注意用餐速度，不宜比長輩快用完。
9. 韓國文化中認為「右尊左卑」，因此向韓國人手上接東西時，要用右手為佳。
10. 用餐時，如果是需盤腿而坐的餐廳，不得用手去摸腳，或是將雙腿伸直。

（三）泰國

1. 進入寺廟參觀時，服裝儀容要力求整齊，禁止穿著無袖上衣、短褲和短裙。

2. 泰國皇室在泰國人民心中的影響力相當大，應避免褻瀆或評論。

3. 在泰國入住飯店、按摩均應給予小費，飯店小費大約為 1 塊美金，並放置於枕頭或床頭櫃上，按摩則約為 50 泰銖（可依服務內容調整），並均應以紙鈔支付，切勿用零錢方式給予。

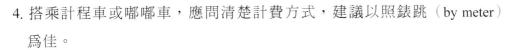

圖 9-21 雙手合十

4. 搭乘計程車或嘟嘟車，應問清楚計費方式，建議以照錶跳（by meter）為佳。

5. 泰國人相信靈魂位於頭頂，因此不應直接碰觸泰國人的頭。

6. 雙手合十在泰國文化中代表禮貌與感謝，並應避免用腳指東西（圖 9-21）。

7. 觀念較開放，但仍有界限，不應隨意碰觸他人身體。

8. 泰國禁止賭博，因此在飯店房間也應避免打撲克牌或麻將。

9. 泰國實施限酒令，可買酒的時間為白天 11 點至 14 點、晚上 5 點至 12 點。

10. 遇見僧侶要禮讓；女性也應避免直接碰觸僧侶。

（四）新加坡

1. 禁止嚼食口香糖（圖 9-22）。

2. 吸菸需遵守相關規定。

3. 禁止亂丟垃圾、隨地吐痰。

4. 公廁使用完畢一定要沖水，否則會被罰款。

5. 行走、駕車與搭乘電扶梯皆需靠左。

6. 切勿隨意穿越馬路，違者將處以罰款。

7. 勿公開評論政治、種族與宗教等議題。

8. 不可在地鐵飲食。

9. 在餐廳用餐需另付水資。

10. 禁止破壞公物與塗鴉。

圖 9-22 禁止嚼食口香糖

（五）英國

1. 應嚴守秩序排隊，切勿插隊。

2. 不應談論薪資與年齡。

3. 禁止殺價（圖 9-23）。

4. 英國的飲水機或餐廳僅提供冰水。

5. 英國人在交際時比較主動，若遇到不認
識的人給你一個微笑時，你也回以微笑
即可。

6. 在餐廳用餐要給予小費，但若結帳金額
已包含服務費，則不需要另外給小費。

7. 除非與你非常熟識，否則不應隨意邀請
英國人至家中作客。

8. 用餐時雙手可放在桌上，但手肘不能放
桌上。

9. 敬酒是普遍的，但要避免與比你年長或
地位比你高的人敬酒。

10. 相對於午餐，晚餐聚會通常被視為較重
要的。

圖 9-23 禁止殺價

知識小書籤

在一般的情況下，國外的飲水機或餐廳服務僅提供冰水，不常有溫水；惟日本與臺灣較重視客人服務，部分會有溫水提供。因此，在國外旅遊或生活時，可視個人需求攜帶保溫瓶，並將熱水和冰水加以調和爲溫水飲用。

（六）法國

1. 具有茹素習慣的法國人較少，因此在素食餐點上的選擇也較有限。
2. 不在公開場合談論有關錢和政治傾向的議題。
3. 法國人通常以女士優先，包含敬酒亦是。
4. 送花時不應送雙數的花，男性不可送紅玫瑰給已婚女子。
5. 男性不應隨意送女士香水，會容易被認爲另有意圖。
6. 法國是個多元種族的社會，但非常忌諱詢問他人血統。
7. 禁止窺探對方的身體健康或疾病狀況。
8. 法國式見面禮通常有握手和輕吻臉頰（圖 9-24、圖 9-25）。
9. 禁止在公共場合吸菸。
10. 在法國的餐桌禮儀中，吃完食物是有禮貌的，若不希望喝太多的酒，可保持酒杯在滿杯的狀態。

圖 9-24 握手

圖 9-25 親吻臉頰

（七）德國

1. 避免在身上配帶任何納粹的標誌（圖 9-26）。

2. 德國人較慢熟，避免過度的熱情。

3. 避免直接瞪著人，會被認為教養不好。　　圖 9-26 避免配帶納粹標誌

4. 不要提前祝賀德國人生日快樂，會被視為是不吉利的。

5. 看街頭藝人表演時，特別是有合影留念的話，一定要給對方一些費用。

6. 公共廁所是需要收費的。

7. 忌諱「十三」。

8. 在公車上不應吃冰淇淋或是帶有果皮的水果。

9. 在餐廳用餐時，禁止以響指方式招呼服務生。

10. 應該於指定場所吸菸。

（八）義大利

1. 認為 13 和 17 是不吉利的數字。
2. 不可以將帽子放置床上。
3. 不可以在室內打開雨傘（圖 9-27）。
4. 應避免打破鏡子。
5. 如果不小心將香檳灑出來，應該趕快用雙手沾並往耳後抹，據說這麼做會因此帶來好運。
6. 如果不小心將鹽打翻，就把鹽往左肩頭丟撒三次（圖 9-28）。
7. 不可從樓梯或鷹架底下走過。
8. 行走或駕車時遇到黑貓，應該繞道而行（圖 9-29）。
9. 聊天時，要避免談論美式橄欖球和政治議題。
10. 在餐廳用餐時，習慣是男女分開就座。

圖 9-27 不可在室內撐傘

圖 9-28 把鹽往左肩頭丟撒三次

圖 9-29 遇到黑貓繞道而行

（九）美國

1. 避免在夜間搭便車。

2. 避免在夜間搭乘地鐵。

3. 不可稱黑人為 Negro。

4. 不隨便說 sorry，如果說了，美國人會認為就是你的錯。

5. 與他人交談時，不應過度賣弄。

6. 不隨意在他人面前脫鞋。

7. 不應隨意拍攝警察或小孩（圖 9-30）。

8. 在公車和地鐵上禁止抽菸和吐痰。

9. 馬路上均以行人優先。

10. 年滿 21 歲才可飲酒。

（十）加拿大

1. 忌諱數字 13 和星期五。

2. 忌諱純白的百合花。

3. 切勿在公開場合將加拿大和其他國家（尤其是美國）做評論與比較。

4. 忌諱打破玻璃製品和打翻鹽罐。

5. 忌諱被說「老」。

6. 禁止在公開場合打罵孩子。

7. 無功不受祿，不要無緣無故送禮給別人。

8. 不要隨意質疑警察的執法。

9. 不要隨意在公共場合酗酒。

10. 禁止作弊。

圖 9-30 不應隨便拍攝警察

禮 儀 小 補 帖

美國高速公路兩旁的休息站，是讓來往的旅客上洗手間、傳簡訊與回電話。如果加油或買小零嘴，就要到加油站喔！

一、選擇題（每題 6 分，共 60 分）

（　　）1. 小陳帶朋友到餐廳吃飯，下列哪一項入座動作是正確的？　(A)事先訂位，自行找到所訂座位　(B)不用訂位，直接選擇最佳座位　(C)不用訂位，尊重客人意思選位　(D)無論訂位與否，皆由服務生帶位

（　　）2. 在西餐禮儀中，應由身體的那個方向舀湯才是正確的？　(A)內向外　(B)外向內　(C)左至右　(D)右至左

（　　）3. 用西餐時，若有事需中途離席，餐巾應該如何放置？　(A)帶著離席　(B)放在桌上　(C)放在自己椅子上　(D)放在鄰座椅子上

（　　）4. 在中餐廳宴客時，每道菜餚應由誰開始取菜？　(A)主客　(B)主人　(C)小孩　(D)離菜餚最近的人

（　　）5. 在吃西餐時，如果中途餐具掉落時，應該如何處理？　(A)自己撿　(B)請附近的人幫忙撿　(C)請服務生換一副新的　(D)拿別的餐具代替

（　　）6. 飲用咖啡或紅茶時，小茶匙正確的擺放位置為何？　(A)杯中　(B)桌上　(C)碟子上　(D)請服務生收走

（　　）7. 食用西餐時，餐具的取用順序何者正確？　(A)右至左　(B)左至右　(C)內至外　(D)外至內

（　　）8. 在自助餐廳用餐時，下列有關盤子的敘述何者正確？　(A)使用過的盤子可以重複使用　(B)使用過的盤子勿重複使用　(C)為吃完食物端盤子起來吃　(D)物盡其用把盤子另作他用

（　　）9. 日本料理所提供的濕巾是提供客人什麼用途？　(A)脖子　(B)手　(C)臉　(D)嘴巴

（　　）10. 在西式宴會座位安排原則，主人的那一個方向的位置為最尊位？　(A)主人的右手邊　(B)主人的左手邊　(C)主人的對面　(D)都可以

二、情境練習（每題 20 分，共 40 分）

1. 張先生的會議展覽公司為了讓公司同事和外國客戶們進一步熟悉彼此，擬於兩個月後辦理一場 10 到 15 人的西餐晚宴，請以分組方式就宴會的事前準備與流程規劃進行提案。

2. 林小姐的母親將於 5 月 18 日慶祝八十大壽，請以中餐宴會方式，透過分組討論進行事前準備與流程規劃。

第 3 章　衣的禮儀

一、選擇題（每題 6 分，共 60 分）

（　　）1. 在雞尾酒會（cocktail party）中，下列相關敘述何者正確？　(A)餐點的備製以簡單的小點心為主　(B)確認賓客出席與否，俾安排座位　(C)宜穿著大禮服出席以示莊重　(D)酒會中碰到好友可以促膝長談

（　　）2. 王先生穿西裝赴宴，坐下來時被發現襪子很不得體，可能因為他穿了下列那一種顏色的襪子？　(A)黑色　(B)褐色　(C)白色　(D)藏青色

（　　）3. 一般服裝設計師在設計女性的服裝時，都會強調三個重點，何者不在其內？　(A)Time　(B)Occasion　(C)Price　(D)Place

（　　）4. 有關領帶的敘述，下列何者正確？　(A)窄領西裝要配寬版領帶　(B)身材單薄者要配窄版領帶　(C)領帶打好後領尖要超過褲頭　(D)領帶尾端可以露出西服或背心之外

（　　）5. 女士參加傍晚的雞尾酒會應穿著何種服裝才算合乎禮儀？　(A)晚禮服　(B)日間小禮服　(C)日常上班服　(D)較休閒的服裝

（　　）6. 家庭聚會、郊遊、逛街等場合，應穿著何種服裝較合適？　(A)Morning Coat　(B)Leisure Wear　(C)Dinner Dress　(D)Swimming Suit

（　　）7. 女士到歌劇院或音樂廳觀賞表演，應避免穿著之服裝為何？　(A)洋裝　(B)套裝　(C)牛仔褲　(D)小禮服

（　　）8. 素有禮服之王的燕尾服（Swallow Tail Coat or White Tie）是指下列何種禮服？　(A)小晚禮服　(B)大晚禮服　(C)早禮服　(D)中式禮服

（　　）9. 最正式的一種西式禮服是？　(A)辦公服　(B)早禮服　(C)晚餐服　(D)燕尾服

（　　）10.男士穿著西裝時，下列敘述何者不恰當？　(A)錢包和手機放在下方左右口袋　(B)單排釦西裝，行進間最底下一顆釦子不扣　(C)搭配西裝式背心時，背心最底下一顆釦子不扣　(D)雙排釦西裝，行進間每一顆釦子都應扣上

二、情境練習（每題 20 分，共 40 分）

1. 33 歲的陳小姐受邀參加一場古典音樂會，但平常身型瘦高單薄的她不太會打扮，請以分組方式為她量身打造穿著重點。

2. 來自鄉下的 24 歲黃先生剛從海軍陸戰隊退伍，身材健美結實、個性斯文不多話，不太了解如何穿搭的他，平常最喜歡的就是 T 恤、短褲和白襪運動鞋。請以分組方式為他選擇適合的職場穿搭技巧。

第 4 章　住的禮儀

一、選擇題（每題 6 分，共 60 分）

（　　）1. 住宿飯店時下列哪項客房物品是可以帶走的？　(A)馬克杯　(B)浴巾　(C)信紙　(D)吹風機

（　　）2. 下列住宿旅館的敘述何者正確？　(A)若浴室備有兩套浴巾時，可以將其中一套帶回家　(B)旅館會於隔日清晨主動提供Morning Call，以提醒房客退房　(C)旅館電話若有信號燈且閃爍不停，表示可能有電話留言　(D)有自備高功耗電器（例如：電鍋）時，可直接使用旅館內的插座進行使用

（　　）3. 當住宿飯店且不希望有人打擾時，應使用下列何種標示文字？　(A)Room Service　(B)Do Not Disturb　(C)Please Clean Up　(D)Out of Order

（　　）4. 飯店內床型由大到小排列，依序應為：　(A)King size、Queen size、Twin size、Double　(B)King size、Queen size、Double、Twin size　(C)King size、Double、Queen size、Twin size　(D)Double、King size、Queen size、Twin size

（　　）5. 住宿旅館時所附的餐卷（例如早餐券、晚餐券），因個人因素而未使用的話，下列敘述何者正確？　(A)可要求退早餐之全額費用　(B)可以要求退還餐券之全額費用　(C)可以要求等值商品或服務補償　(D)視同放棄，不另行退款或提供補償方案

（　　）6. 住宿旅館時若有不熟悉的訪客來訪，下列何處為較為適當的會客地點？　(A)旅館大門口　(B)旅館大廳　(C)客房走廊　(D)客房裡面

（　　）7. 有時國外飯店的浴室內設有兩套馬桶時，下列敘述何者正確？　(A)洗滌衣物　(B)可以放滿冰塊代替冰箱使用，更為方便　(C)如廁後沖洗用　(D)兩套馬桶功能一樣

（　　）8. 住宿青年旅館（Youth Hostel）時，下列敘述何者不正確？　(A)僅有學生能加入會員，並享有優惠價格　(B)衛浴是共用的　(C)需自行舖好床單與枕套、被套　(D)公共區域附有客廳與洗衣機

(　　)9. 使用飯店的游泳池或溫泉池時，下列何種敘述正確？　(A) 入池前應先淋浴
　　　　(B) 在池內搓腳　(C) 在池內漱口　(D) 飯店內的游泳池或溫泉池都可以裸泳

(　　)10. 入住旅館時，下列何種服務人員不需給小費？　(A)客房服務人員　(B)櫃檯人員
　　　　(C)提行李之服務生　(D)開車門之服務員

二、情境練習（每題 20 分，共 40 分）

1.小智將在暑假到台中玩，打算來一場窮遊，因此將借住在朋友小張的家，但這是他第一次
　借宿朋友家，請以分組方式討論如何協助小智了解掌握正確的寄宿作客禮儀。

2.剛出社會的阿紘預計在領到年終獎金後帶爸媽出國旅遊，請透過分組方式協助他入住飯店
　時應掌握哪些原則，才能順利入住飯店不敗興而歸。

第 5 章　行的禮儀

一、選擇題（每題 6 分，共 60 分）

（　　）1. 搭乘大眾交通工具時，下列敘述何者正確？　(A)可以買東西在捷運車廂裡大快朵頤　(B)搭乘公車時應該提前按下車鈴　(C)趕時間搭乘高鐵時，應該爭先恐後地上車　(D)和親朋好友搭乘飛機時，應該把握時間敘舊聊天

（　　）2. 搭乘電梯時，下列行為何者恰當？　(A)進入電梯後應面向內　(B)進入電梯應轉身面對電梯門，避免與人面對面站立　(C)搭乘電梯要先入後出　(D)進入擁擠的電梯，仍應戴著帽子以表示禮貌。

（　　）3. 陳總經理和楊副理同行，下列何者為行進的禮節？　(A)楊副理走在陳總經理右側　(B)陳總經理走在楊副理右側　(C)楊副理走在陳總經理前右側　(D)陳總經理走在楊副理正後方

（　　）4. 請問男女下樓梯時應：　(A)男士與女士相隔10階以上　(B)男士與女士併行　(C)女士先行　(D)男士先行

（　　）5. 明董事長上下班有司機接送，下列何者為轎車首位的位置？　(A)後座右側　(B)後座左側　(C)前座右側　(D)後座中間座

（　　）6. 引導兩三位貴賓應如何為之？　(A)在前帶路　(B)走在左後方半步　(C)走在最後　(D)走在右前方半步。

（　　）7. 臺灣旅客在國外駕車，下列敘述何者不正確？　(A)在美加地區開車，跟臺灣一樣是靠右行駛　(B)在日本、英國開車是靠右行駛　(C)通常租車時應備國際駕照及國內駕照　(D)經過行人穿越道前，務必要煞車暫停

（　　）8. 搭乘友人駕駛的車輛時，位於駕駛座何處的座位最尊？　(A)右側　(B)後方　(C)右後方　(D)後方中間

（　　）9. 搭乘由司機所駕駛的小轎車時，位於司機何處的座位為最尊？　(A)右側　(B)後方　(C)右後方　(D)後方中間

（　　）10.張經理開轎車下班，順道送李先生回家，下列敘述何者正確？　(A)李先生應坐在前座右側　(B)李先生應坐在後座右側　(C)李先生應坐在後座左側　(D)李先生應坐在後座中間

二、情境練習（每題 20 分，共 40 分）

1.吳主任下週將和董事長、董事長夫人和公司助理小楊至高雄出差，屆時將由吳主任駕駛四人座小轎車，請畫出正確的座次分布圖。

2.剛進公司的助理小芬將和她公司的執行長及其夫人一同走到公司附近餐廳用餐，請協助小芬畫出正確的行走尊卑圖。

第 6 章　育的禮儀

一、選擇題（每題 6 分，共 60 分）

（　　）1. 根據國際禮儀中應避免的談話內容，不包括哪一項？　(A)爭議性的話題　(B)他人的隱私　(C)謠言與流言　(D)對方的小孩或親人

（　　）2. 高明的談話技巧，應善用什麼舉例說明？　(A)比喻　(B)各種語言　(C)法律條文　(D)成語

（　　）3. 下列那一項話題適合與人交談，而不致失禮？　(A)個人不幸的遭遇　(B)對方的財務狀況　(C)他人的私事　(D)對方的工作概況

（　　）4. 在西式請帖中，在請帖的左下角寫上R.S.V.P.的意義為何？　(A)務必參加　(B)不克參加者不回覆　(C)敬請回覆　(D)自由參加

（　　）5. 哪一種拜訪並不適合例假日為之？　(A)商務拜訪　(B)友誼拜訪　(C)辭別拜訪　(D)禮貌拜訪。

（　　）6. 在派對邀請函中註明請穿著清朝宮廷服裝，此種派對是屬於何種性質？　(A)餐舞（dinner dance）　(B)茶舞（tea dance）　(C)面具舞會（masquerade）　(D)主題舞會（theme dance）

（　　）7. 在歐美部分餐廳中有所謂「服裝準則（Dress Code）」的規定中，下列何者應該不是其所強調的？　(A)重視衣著的禮儀　(B)注重用餐的場合　(C)注重用餐的顧客　(D)表現財力的狀況

（　　）8. 下列何者不是會議召開前需要了解的項目？　(A)WHEN　(B)WHERE　(C)HOW COME　(D)WHAT

（　　）9. 適合喪禮的服儀顏色，以何者恰當？　(A)紅色　(B)白色　(C)黑色　(D)綠色

（　　）10. 像親戚生病、受傷，遇到同事轉調他職，或者朋友家中有喪事等，前往慰問以示關心之忱是什麼類型的拜訪？　(A)辭別拜訪　(B)友誼拜訪　(C)慰問拜訪　(D)商務拜訪

二、情境練習（每題 20 分，共 40 分）

1. 某科技公司董事長為了讓員工能學習溝通的技巧，但礙於經費有限，無法請專家來演講，因此請執行長小張自行在公司內部辦理溝通技巧講座，請以分組方式討論出到底有哪些正確的溝通技巧，協助執行長完成溝通技巧講座的辦理。

2. 剛到時尚雜誌當櫃台接待的小安，由於對自己其實沒有什麼自信，所以不懂怎麼表現自己最好的一面，導致她常常被客人認為態度不好而感到委屈，請以分組討論方式來協助小安了解究竟在商務諮詢的過程中，應該掌握哪些必備的應對守則，才不會失禮。

第7章　樂的禮儀

一、選擇題（每題6分，共60分）

（　　）1. 進入清眞寺參觀時，下列穿著之敘述何者錯誤？　(A)可著長褲　(B)不可著短褲　(C)可著無袖上衣　(D)不可穿鞋

（　　）2. 有關宴會禮儀，下列何者錯誤？　(A)主人要於入口處迎賓　(B)參加舞會早退應跟主人報備　(C)舞會由男女主人或位高者開舞　(D)邀已婚女賓共舞，宜先經其丈夫許可

（　　）3. 使用游泳池時，下列敘述何者恰當？　(A)要有戴泳帽的習慣　(B)海灘褲可以當泳褲穿　(C)可以戴浴帽　(D)可以在快速水道中停下來慢慢划水

（　　）4. 在泡溫泉時，應避免的事項是？　(A)入池前先將身體沖洗乾淨　(B)全裸之浴池以自然眼光及動作沐浴　(C)在池內飲食、抽菸、喝酒助興　(D)入池前先以手腳試水溫

（　　）5. 下列何項是在教堂中的禮節？　(A)戴黑色禮帽　(B)戴法式扁帽　(C)戴棒球帽　(D)脫帽以示尊重

（　　）6. 住宿旅館使用溫泉池時，下列行爲何者恰當？　(A)穿著旅館房內的拋棄式拖鞋，到室外溫泉泡湯　(B)入池前先淋浴　(C)帶著毛刷進溫泉池內刷身體　(D)飽餐後泡湯最適宜的。

（　　）7. 音樂會的場合中，入場時有帶位員引領，男士與女士應該如何就座？　(A)帶位員先行，男士與女士同行隨後　(B)男士與女士同行，帶位員隨後　(C)帶位員先行，男士其次，女士隨後　(D)帶位員先行，女士其次，男士隨後

（　　）8. 到馬來西亞旅遊，有女性被禁止出入印度廟內參觀，下列何項是最有可能的原因：　(A)短褲或無袖上衣　(B)牛仔褲　(C)長褲或拖鞋　(D)休閒服

（　　）9. 游泳池之游泳禮儀與衛生，下列敘述何項錯誤？　(A)下水游泳前應先淋浴及洗澡，才不會汙染游泳池，讓泳客能安心　(B)游泳中途上廁所後再次進入泳池前，僅須洗手、洗腳，無須淋浴　(C)拖鞋及個人毛巾都不可以拿進游泳池畔，以隔絕汙染，才能確保大眾公共衛生　(D)游泳時不小心拍打或踢到別人，要馬上致歉，並注意保持安全距離，才能避免再犯

（請沿虛線撕下）

(　　) 10.打高爾夫球的禮儀，下列何者錯誤？　(A)在沙坑上擊出球，應以沙耙推平鞋鞋印、擊球坑，才能讓沙地平整　(B)若擊球時不小心削掉草皮，宜儘速通知服務人員，使球場得以盡快恢復原貌　(C)當別人專心一意準備開球時，應避免口語交談，干擾其心神　(D)在全組人員全部推桿進洞後，應插回旗桿，讓下一組人上果嶺時可以繼續比賽

二、情境練習（每題 20 分，共 40 分）

1.還沒出過國的阿嘉在領到年終獎金後打算帶女朋友到日本輕井澤來場溫泉文化之旅，第一次難免興奮緊張，來幫忙阿嘉歸納出泡溫泉究竟有哪些基本禮儀需要熟悉吧。

2.下個禮拜就要去印度自助旅行的小証安排了一系列的文化之旅，其中也安排了到清真寺參觀的路線，不過他聽說清真寺是很崇高的，所以不知道怎麼穿衣服比較好，請以分組討論方式來分析參觀宗教場所、美術館甚或是博物館時有哪些應該避免的穿著。

第 8 章　工作禮儀

一、選擇題（每題 6 分，共 60 分）

（　　）1. 下列哪一項不是履歷表所需要的重點？　(A)上升星座　(B)專長　(C)學歷　(D)出生年月日

（　　）2. 有關履歷表中的學歷應該填入什麼較為適當？　(A)國小　(B)大學　(C)EMBA　(D)最後學歷

（　　）3. 有關自傳的寫作重點，下列敘述何者恰當？　(A)應該簡潔有力　(B)應該自我吹捧　(C)應該謙卑、再謙卑　(D)一定要介紹家裡的寵物

（　　）4. 下列敘述，哪一項不適合當成個人優勢？　(A)善於團隊合作　(B)酒量很好　(C)能夠在快節奏的工作環境下辦公　(D)抗壓性高

（　　）5. 下列敘述，哪一項不適合寫進履歷表？　(A)打工與實習經驗　(B)學、經歷　(C)戀愛史　(D)高級電腦繪圖技能

（　　）6. 有關男士的面試服裝原則，下列何者正確？　(A)應該蓄鬍，可以讓人感覺性感有魅力　(B)可適量地噴抹香水或體香膏於動脈處　(C)面試穿著的西裝應該凸顯個人特色，越鮮豔越大膽越好　(D)有抽菸習慣者，面試前應該再抽一根，讓自己放鬆一點

（　　）7. 有關女士的面試服裝原則，下列何者正確？　(A)妝容應該艷麗一點，可以讓人印象深刻　(B)面試服裝應該穿小禮服，可以讓企業覺得很受重視　(C)鞋子以包頭式為佳　(D)為了凸顯身價，應該穿金戴銀

（　　）8. 有關面試的應答原則，下列何者正確？　(A)怕塞車，應提前於約定面試時間1天抵達　(B)進入面試場地時，應該直接找位子坐　(C)不出現過多的小動作，例如：挖鼻孔、搔頭或摳指甲等等　(D)回答問題時應該自我吹捧

（　　）9. 下列有關辦公室禮儀之敘述，何者錯誤?　(A)資歷較久的職員不應倚老賣老　(B)男女平權，切勿以言語或行為對他人進行性騷擾　(C)應各盡職責本分，不應過度干涉或評論其他同事的工作內容　(D)遇到不滿，應該和同事討論或批評公司政策

（請沿虛線撕下）

（　　）10.有關辦公室的電話禮儀，下列何者正確？　(A)為了顯示公司尊貴，應讓電話鈴響超過5聲再接　(B)總機接待人員應該熟悉各分機號碼，以利業務執行　(C)在轉接來電時，應該直接大聲叫負責的同事來接　(D)和客戶講完電話時，應該直接掛上

二、情境練習（每題 20 分，共 40 分）

1.個性活潑開朗的小惠馬上就要從大學資管系畢業了，雖然她考到了很多證照，但每次一聽到學長姐說「畢業即失業」的深刻提醒，讓她也為自己的職涯銜接開始感到擔心，請以分組討論方式來幫她完成一篇履歷表吧！

2.因為不能適應廣告公關行業日夜顛倒生活的小剛，打算在進公司後的一年離職，但他聽說廣告公關界很小，離職離得不漂亮都會被說話，究竟離職前後有哪些需要注意的禮儀呢，請以小組為單位為小剛擬定一份完美的離職計畫。

第 9 章　國際禮儀

一、選擇題（每題 6 分，共 60 分）

（　　）1. 下列有關護照的敘述何者正確？　(A)護照有效期限為15年　(B)尚未履行兵役義務的男子護照效期為5年　(C)尚未履行兵役義務的男子護照效期為3年　(D)出國時，護照至少要有3個月有效期限

（　　）2. 下列有關出國的注意事項，何者正確？　(A)出國前護照應保持至少六個月有效期限　(B)出國旅遊天數不長的話，可以不需要保旅遊平安險　(C)出國旅遊可以攜帶最高新台幣20萬元　(D)旅遊返國時，可以攜帶1公升的酒3瓶

（　　）3. 下列有關小費禮儀的敘述，何者正確？　(A)在國外餐廳用餐時，不一定要給予小費　(B)晚餐的小費應介於消費金額的15-20%　(C)小費只能用現金支付　(D)在百貨公司美食街用餐也需要給小費

（　　）4. 有關國旗懸掛禮儀，何者適當？　(A)以右為尊　(B)以左為尊　(C)多國國旗並列時，應該將地主國國旗放置於中央　(D)汽車懸掛的國旗大小以4號旗為準

（　　）5. 有關日本的文化禮俗，何者正確？　(A)在餐廳吃不完的食物可以外帶回飯店　(B)泡溫泉時，可以穿著泳褲　(C)享用壽司時，應該一口一口慢慢地吃　(D)日本人相當注重隱私，因此不應在街上隨意拍攝路人

（　　）6. 有關韓國的文化禮俗，何者正確？　(A)初次見面時，應以跪拜表達尊敬之意　(B)非常重視輩分，如以韓文對談應使用「敬語」　(C)搭乘大眾交通運輸工具應該善用空位，例如沒人坐的博愛座　(D)與長輩吃飯時，應注意用餐速度，比長輩快吃完才顯得有活力

（　　）7. 有關泰國的文化禮俗，何者錯誤？　(A)進入寺廟參觀時，禁止穿著無袖上衣、短褲和短裙　(B)泰國皇室在泰國人民心中的影響力相當大，應避免褻瀆或評論　(C)泰國禁止賭博，但在飯店房間可以打撲克牌或麻將　(D)雙手合十在泰國文化中代表禮貌與感謝，並應避免用腳指東西

坡的文化禮俗，何者正確？　(A)公廁使用完畢一定要沖水，否則會被罰／行走、駕車與搭乘電扶梯皆需靠右　(C)新加坡是個種族多元的開放社會，公開評論種族議題是沒問題的　(D)行人優先，可以隨意穿越馬路

(　　) 9. 有關英國的文化禮俗，何者正確？　(A)應嚴守秩序排隊，切勿插隊　(B)可以殺價，但應有所限制　(C)英國人習慣喝溫水　(D)應該馬上邀請新認識的英國朋友至家中作客

(　　) 10.有關法國的文化禮俗，何者正確？　(A)健康意識的抬頭，具有茹素習慣的法國人非常多　(B)法國是個多元種族的社會，詢問他人血統是可以接受的　(C)法國式見面禮通常有握手和輕吻臉頰　(D)法國人通常以男士為尊，包含敬酒亦是

二、情境練習（每題 20 分，共 40 分）

1.小豪參加校內的模擬聯合國社團，下次計畫辦一場東協 10+1（臺灣）的模擬聯合會議，請協助他排出正確的國旗桌次擺法。

2.阿甫將在下個月陪家人前往德國旅遊，但他聽說德國有一些文化上的禁忌，請協助他歸納德國的禮儀文化與禁忌。